TROLÖSA

När du håller fast vid Ordet i tro, så kommer du att se på ett helt nytt sätt.

Martin Luther

Försök förstå att Gud är en del av sin skapelse, liksom Bach lever i sin h-mollmässa. Du tolkar en notskrift. Ibland är den gåtfull, det är oundvikligt. Då du låter musiken ljuda – då uppenbarar du Bach. Läs noterna! Och spela dem efter förmåga. Men tvivla inte på Bachs och Skaparens befintlighet.

Ingmar Bergman

TROLÖSA

SPEGLINGAR AV LUTHER I BERGMAN OCH BERGMAN I LUTHER

REDAKTÖRER:

SUSANNE WIGORTS YNGVESSON

CHARLOTTE WELLS

STUDIA THEOLOGICA HOLMIENSIA 33

Denna antologi är utgiven med stöd av
Svenska kyrkans nationella kansli, Uppsala
samt av Enskilda högskolan Stockholm

Skriftseriens webbsajt:

https://ehs.se/forskning/studia-theologica-holmiensia

INNEHÅLL

INLEDNING

En förmiddag under Bergmanveckan på Fårö upptäckte några av deltagarna att två jubileum skulle sammanfalla i närtid. Det ena var 500 års-minnet av Martin Luthers beryktade, men inte historiskt belagda, spikande av sina 95 teser på Slottskyrkans port i Wittenberg 1517. Det är den symboliska inledningen av reformationen och det skulle uppmärksammas på flera håll i Europa. Den andra högtiden var 100-årsdagen av Ingmar Bergmans födelse 1918. Bergman präglades i hög grad av Luthers teologi eller i alla fall såsom den tolkades genom receptionen från Olaus Petri, Gustav Vasa och de som efter dem förvaltade reformationen. Detta borde vi göra något av, sade vi som stod i solen på Fårö. Samtalet övergick till ett mindre projekt och en arbetsgrupp som bestod av Jan Holmberg från Bergmanstiftelsen, Charlotte Wells, handläggare för kulturfrågor på Kyrkokansliet, Svenska kyrkan och vice ordförande i Interfilm samt Susanne Wigorts Yngvesson, professor i etik vid Enskilda Högskolan Stockholm, Teologiska Högskolan Stockholm (EHS/THS).

Ambitionen blev att samla teologer, kulturvetare och filmvetare till en konferens som skulle spegla delar av luthersk teologi synlig i Bergmans filmer. Vi ville också undersöka om det omvända gick att hitta, det vill säga om Bergmans filmer kunde utgöra kritik eller dialog av Luthers teologi. Det förstnämnda var mindre utmanande än det senare, vilket blir tydligt även i denna antologi. Det är inte svårt att se spår av luthersk teologi i Bergmans filmer. Man kan säga att det är uttalade och outtalade teman som genomsyrar stora delar av hans verk, inte minst tvivel och frågor om Guds existens. Det gäller inte enbart filmerna utan också hans författande och pjäserna. Vi valde att förlägga konferensen till slutet av året för att symboliskt överlappa reformationsjubileet och Bergmanjubileet. Den här antologin är ett resultat av konferensen *Trolösa. Speglingar av Luther i Bergman och Bergman i Luther* som hölls i december 2017. Bokens artiklar berör som helhet några kärnfrågor i Bergmans skapande. Han brottades livet igenom med frågor om Guds existens och människans tro, livet och döden, synd och förlåtelse samt kärlek och nåd. Han väjde inte för uppbrott eller förvandling utan använde berättelser för att förmedla människors frågor. Ett centralt tema genom Bergmans konstnärskap är kampen med Gud. Inte minst präglades han av lutherska föreställningar om skuld. Den dömande guden värjde han sig emot, men han sökte sig också till temat gång på gång och markerade sitt uppror och sin trolöshet mot en sådan gud. Istället ville han släppa in kärlekens och frihetens Gud som kunde förmå människan att erfara världens mystik. Kameran och teaterscenen blev Bergmans predikstol för uppror och försoning. Han var en tvivlande sanningssökare och i den meningen inte olik Luther.

Konferensen och boken har finansierats av Svenska kyrkans Avdelning för Kyrkoliv och Teologiska Högskolan Stockholm. Vi är djupt tacksamma för alla bidrag i form av finansiering, tid och engagemang från alla involverade. Antologins författare relaterar med olika fokus till Luther respektive Bergman och går i dialog med deras tankar och verk. Det är främst Bergmans texter, filmer och liv som förhåller sig till ett urval idéer hos Luther snarare än tvärt om.

Kort om de medverkande och texterna

Eftersom konferensen hölls på skandinaviska språk valde vi att följa det även i de publicerade texterna. Vi hoppas att det inte vållar läsaren några bekymmer att få del av reflektioner över Luther och Bergman på norska, danska och svenska. De medverkande författarna är i antologins kronologi:

Kjartan Leer-Salvesen är professor vid Insitutet för samhällsvetenskap vid universitetet i Volda, Norge. Han har bland annat skrivit vetenskapliga och populärvetenskapligt artiklar om kristen teologi och existentiella frågor i film samt undervisar om film på akademisk nivå. I denna volym bidrar Leer-Salvesen med en analys av nåd och tvivel hos Luther och Bergman, med utgångspunkt i *Nattvardsgästerna* från 1963.

Susanne Wigorts Yngvesson är professor i etik vid EHS/THS. Hon har bland annat skrivit vetenskapliga och populärvetenskapliga artiklar om teologi och film samt undervisar om teologi och film på akademisk nivå. Fenomenologiska frågor om film och seende har varit en röd tråd för hennes filmintresse. Övriga forskningsområden rör hymnologi, politisk teologi och mänskliga rättigheter. I denna antologi skriver hon om betydelsen av det fördolda och den fördolde guden, särskilt i Bergmans film *Smultronstället.*

Sofia Sjö är docent i teologi och har publicerat ett flertal artiklar om religion och film i tidskrifter som *Journal of Religion and Film, Journal of Religion and Popular Culture, Journal of Scandinavian Cinema, Religion and Gender* och *Journal for Religion, Film and Media.* Hon är medredaktör till volymerna *Digital Media, Young Adults and Religion: An International Perspective* och *Religion, Media and Social Change.* I denna antologi bidrar hon med en artikel om barn i Bergmans filmer.

Jan Holmberg disputerade i filmvetenskap år 2000 på en avhandling om närbilder i den tidiga filmen. Han har varit verksam som universitetslektor och chef för Cinemateket och är från 2010 vd för Stiftelsen Ingmar Bergman. Bland hans publikationer finns *Slutet på filmen: O.s.v.,* om sorg och film i den digitala eran. Hans senaste bok är *Författaren Ingmar Bergman.* Holmberg var även huvudredaktör för Norstedts utgivning av Ingmar Bergmans samlade skrifter. I denna antologi skriver han om Ingmar Bergmans uppsättning av *Trollflöjten.*

Mattias Lundberg är professor i musikvetenskap vid Uppsala universitet. Han har forskat om bland annat luthersk musik, psalm och liturgisk musik. Bland hans publikationer relaterade till antologins tema finns *Martin Luthers egna toner och ord om musik* samt *Celebrating Lutheran Music: Schcolarly Perspectives at the Quincentenary.* I denna volym bidrar han med en presentation av Laurentius Laurinus psalm *I Himmelen* och på vilka sätt denna gestaltas i ett urval av Bergmans filmer.

Jes Nysten är pensionerad präst i Danske folkekirken och mångårig styrelsemedlem i Kirke og film och Interfilm. Nysten har publicerat facklitteratur, medverkat i läroböcker inom ämnesområden som teologi, film, filosofi, etik och idéhistoria och undervisat vid den högre prästutbildningen. Bland publikationerna finns *Religionskritik og ny teologi* och *Fri os fra det onde.* I denna antologi skriver han en betraktelse om nåden hos Luther och Bergman.

Caroline Krook är tidigare biskop i Stockholms stift och författare till *Rastlös sökare och troende tvivlare. Existentiella frågor i filmer av Ingmar Bergman.* I denna antologi skriver hon om Ingmar Bergmans gudsföreställningar och om hans relation till sina föräldrar såsom de gestaltas eller anas i ett urval av Bergmans filmer.

Med denna bredd av röster och kunskaper hoppas vi att antologin ska initiera samtal om film, teologi och existentiella frågor.

Stockholm den 18 januari 2021

Susanne Wigorts Yngvesson och *Charlotte Wells*
redaktörer

HVA ER ET MENNESKE?

Nåde og tvil hos Luther og Bergman

Det finnes en rik og variert litteratur om Ingmar Bergmans filmer. Birgitta Steene hevdet i 2005 at studier av religiøse og eksistensielle dimensjoner i Bergmans filmer utgjorde den største delen av Bergmanlitteraturen. Til tross for dette er det en mangel på studier som leser Bergmans filmer opp mot Martin Luthers skrifter og sentrale begreper. I denne artikkelen diskuterer jeg hvordan Luthers forståelse av nåde kan brukes som et utgangspunkt for å analysere sluttscenen i Bergmans film *Nattverdsgjestene* (1963). Først gir jeg en kort presentasjon av nåde i Luthers tenkning. Deretter presenterer jeg sentrale trekk ved *Nattverdsgjestene* med en spesiell oppmerksomhet rundt den filmatiske stilen. Avslutningsvis speiler jeg Luther og Bergman med utgangspunkt i temaene tvil og nåde.

Frelsen er ikke til salgs

Ett hovedtema for reformasjonsjubileet i Norge var "Frelsen er ikke til salgs". Bakgrunnen for dette var Luthers protest mot avlatshandelen og de 95 tesene han skrev for å delta i debatten om denne. Den teologiske bakgrunnen for avlatshandelen var forestillingen om at kirken hadde et overskudd av gode gjerninger som den kunne forvalte. Hellige kvinner og menn hadde gjort flere gode gjerninger enn det antallet de selv trengte for å bli frelst. Kirken kunne derfor forvalte og selge dette overskuddet til de som hadde gjort færre gode gjerninger enn det de trengte for å sikre sin egen frelse. Avlaten har også koblinger til korstogene og finansieringen av disse. Senere ble avlatsordningen utvidet til å omfatte finansiering av kirkebygging og andre formål som kunne fremme Guds rike.

I tesene hadde Luther flere teologiske poenger som er relevante for temaet mitt. Kirkens virkelige skatt er ikke et overskudd av gode gjerninger, hevder Luther i tese 62, men det hellige evangeliet om Guds herlighet og nåde.[1] Luther kan ikke anklages for å forkynne en billig nåde. Tese 1 sier nemlig at hele livet til den kristne skal være en botshandling. Videre viser tese 30 et sentralt tema i Luthers egen troskamp: "Ingen er sikker på at han har nok anger og syndesorg, og enda mindre kan han da være sikker på at han har fått fullkommen forlatelse for syndene".[2] Denne tesen peker, slik jeg tolker den, fram mot Luthers personlige, teologiske og eksistensielle kamp som førte til at han formulerte de reformatoriske grunnideene. Luther tilhørte en munkeorden kalt augstinereremitter. Han drev seg selv svært hardt, ba timevis hver dag og pisket seg selv. Han var plaget av et eksistensielt spørsmål. Hvordan kan jeg få en nådig Gud? Hvordan kunne han stole på at Gud ville gi han sin nåde, frelse og sjelefred?

I fortalen til første bind av sine samlede verker, utgitt i Wittenberg i 1545, beskriver Luther oppdagelsen som ble vendepunktet for ham.[3] Luther skriver at han var grepet av en forunderlig trang til å forstå Paulus i brevet til romerne, men han opplevde at ett ord stod i veien, Guds rettferdighet. Luther hadde lært at Guds rettferdighet var den "aktive rettferdigheten", den rettferdigheten som gjør at Gud er rettferdig når han straffer synderne og de som gjør urett. Men, skriver Luther:

> Jeg elsket ikke den rettferdige Gud, som straffer synderen. Tvert imot, jeg hatet ham. For selv om jeg levde som en ulastelig munk, kjente jeg meg som synder for Gud og var urolig i min samvittighet.[4]

Luther klarte ikke stole på at han hadde blidgjort Gud med sine gode gjerninger og var full av uvilje mot Gud. Vendepunktet kom da han forstod Guds rettferdighet som en gave fra Gud, ved troen. Luther kaller dette en passiv rettferdighet: "Med den forbarmer Gud seg over oss og gjør oss rettferdige ved troen".[5] Luther fant en rekke parallelle uttrykk i Bibelen som han tolket på samme måte:

Guds kraft = den kraft Gud styrker oss med.

Guds verk = det verk Gud utfører i oss.

Guds rettferdighet = den rettferdighet Gud gjør oss
rettferdige med.

Romerbrevet 1:16-17 ble etter dette det viktigste skriftstedet for Luther, "selve porten til paradiset", som han vendte tilbake til i mange skrifter. Jeg vil oppsummere kort før jeg går videre til Bergman. Luthers tvil og kamp for å forstå uttrykket Guds rettferdighet er viktig for å forstå kjernen i hans oppgjør med datidens kirkelige praksiser. Guds rettferdighet er ikke noe som kan kjøpes og selges. Det ble avgjørende for Luther å understreke menneskets totale maktesløshet i alt som har med frelsen å gjøre. Gjerninger har ingen plass der. Nåden er fremmed, den kommer utenfra og blir gitt mennesket som en gave ved troen.

Nattverdsgjestene

Bergman fikk et internasjonalt gjennombrudd med *Det 7. seglet.*[6] Han ble kjent som en filmskaper med en personlig visjon og et fokus på religiøse og eksistensielle temaer. Synd, destruksjon, tvil og religiøse kriser er grunnmotiver som har gitt materiale til flere av filmene hans.[7] På den ene siden uttalte Bergman seg kritisk til religion som praksis og forpliktende system. På den andre siden brukte han ivrig religion som kilde til symboler, mening og kulturell dybde.[8]

Nattverdsgjestene er en av filmene der Bergman utforsker tro og tvil med størst kraft. I et intervju sa Bergman at han bare har laget en film han virkelig liker, nemlig *Nattverdsgjestene*. Hvert sekund var slik han ville ha det.[9] Det har blitt poengtert at Bergman lagde sine mest religionskritiske filmer i et kulturelt klima preget av etterdønningene fra *tro och vetande*-debatten hvor Ingemar Hedenius var en sentral aktør[10], men som fortolker kan jeg ikke la min opplevelse av *Nattverdsgjestene* bli bundet og begrenset av denne konteksten.

Nattverdsgjestene er et stille drama med få karakterer. Den engelske tittelen, *Winter Light*, gir et innblikk i temaet til filmen. Vinterlyset er både kaldt, gråtonet og livløst, men vintersolen kan også være skarp og avslørende når den står lavt på himmelen. *Nattverdsgjestene* er en film der landskapet, interiøret og de fysiske omgivelsene spiller en stor rolle. Omgivelsene speiler karakterene og filmens hovedpersoner blir små og maktesløse i Bergmans omgivelser. I *Nattverdsgjestene* spiller det indre landskapet en hovedrolle og hovedkonflikten i filmen er en indre kamp. Jeg vil gi noen korte riss av filmens handling og karakterer.

Publikum hører kirkeklokkene før de første bildene kommer på lerretet. Visuelt begynner og slutter filmen nesten likt. Kamera følger presten mens han leser innstiftelsesordene til nattverden. Kirken er nesten tom. Kamera beveger seg raskt over til interiørbilder og videre til bilder av frostsprengte landskap mens presten ber *Fader vår*. Filmens handling utspiller seg over få timer, den strekker seg fra nattverden på prestens første gudstjeneste for dagen, til hans andre nattverd for dagen.

Hovedpersonen i filmen er en prest som nøt en viss anseelse tidligere. Han ble lyttet til av sin menighet. Men livet gikk på mange måter i stykker etter at hans kone døde. Troen tapte gradvis sin mening. Bergman gav presten navnet *Tomas*, et navn som kan tolkes som en referanse til disippelen Tomas, omtalt som tvileren. I filmen framstår Tomas som innesluttet, bitter og fortvilet. I en viktig scene tidlig får vi vite at Tomas føler seg avskåret fra Gud. Guds stillhet blir lansert som tema for filmen.

Nattverdsgjestene er et karakterdrevet drama. Märta er en sentral karakter i filmen. Hun er lærerinnen som prøver å nå gjennom Tomas sitt harde skall, som ser det som sin livsoppgave å elske han. Märta er på denne måten viktig for å tegne Tomas som karakter og Tomas sin avvisning av Märta er et sentralt poeng i flere scener i filmen. Jonas er fiskeren som Tomas har to sjelesorgsamtaler i løpet av filmen. Samtalene med Jonas er det tydeligste eksemplet på at Tomas svikter. Presten klarer ikke å gi Jonas et svar på hvorfor han bør leve. Tomas begynner i stedet å prate om sin egen tvil og det vondes problem. Algot er kirketjener. Rollen hans er liten men Algot spiller en nøkkelrolle i filmens sluttscene som jeg kommenterer mer detaljert under.

Jeg vil også antyde at det tomme kirkerommet nærmest blir en levende karakter i filmen. Bergman lar ofte kamera gli over kirkens interiør. Han har et spesielt blikk for altertavlen og gir mange nærbilder av den lidende Jesus. Videre tar Bergman inn stillheten, tomheten og lyset fra vinduene.

Prestens tvil er et hovedtema i filmen. Under dette, vil jeg si at filmen på et dypere plan handler om lidelsens problem og det ondes problem. I flere sekvenser tar Tomas et oppgjør med sin egen tro. Tidlig i filmen ser han på altertavlen og sier "for et tåpelig bilde". Dette utsagnet sier mye om hans raknede tro. I en annen scene i filmen forteller presten at han levde i en særskilt verden hvor alt stemte. Han trodde på en privat Gud som elsket han selv mest av alle, en ekkogud som ga velvillige svar og betryggende velsignelser. Slik jeg tolker filmen, falt dette gudsbildet sammen da kona døde. Da Tomas konfronterte Gud med det vonde i tilværelsen ble Gud stygg.

Men hva har *Nattverdsgjestene* med nåde å gjøre? Jeg opplever filmen som et mørkt drama hvor livets grunnkrefter utforskes. Filmen er som en metafysisk kamp hvor Guds stillhet og lidelsens problem utforskes. Bergman er en dyktig og nådeløs observatør. Han viser hvordan både parforhold og gudsforhold utvikler seg og går til grunne, hvordan tillit skapes og ødelegges. Som teolog er det fristende å si at Bergman både skildrer de spontane livsytringer, det vil si tillit, håp, talens åpenhet, men i enda større grad det motsatte: de kretsende tankefølelsene, mistilliten, håpløsheten – det som ødelegger livet.[11] Klarer likevel noe godt å bryte gjennom til slutt?

Jeg mener at en sekvens fra filmens avslutning, samtalen mellom Algot og presten, er svært viktig både for tolkningen av *Nattverdsgjestene* og for temaet i denne artikkelen. Kirketjeneren er en forunderlig karakter, og han viser en evne til å si akkurat det presten dypest sett trenger å høre. Interessant nok er det kirketjeneren som har de mest solide teologiske refleksjonene i filmen. Algot ber om en prat med presten fordi han vil diskutere Jesu lidelseshistorie. Algot forteller at han ser en mye større lidelse bak Jesu kroppslige lidelse. Jesu verste lidelse må ha vært å forstå at ingen andre forstår, å bli forlatt når man virkelig trenger noen å stole på, hevder Algot:

**Algot (Allan Edwall) forteller at han ser en mye større lidelse bak Jesu kropps-
lige lidelse. Presten (Gunnar Björnstrand) lytter.**

Når Kristus ble oppspikret på korset skrek han min Gud,
min Gud, hvorfor har du forlatt meg? Han skrek alt han
orket. Han trodde at hans far i himmelen hadde forlatt han...
at alt han hadde preket var en løgn. Kristus ble rammet av
en stor tvil minutter før han døde. Det må ha vært den mest
fryktelige lidelse. Jeg mener Guds stillhet.

Algots ord blir et vendepunkt for Tomas. Presten svarer bare kort jo,
jo, til det Algot sier, men den videre utviklingen i filmen viser tydelig
at kirketjenerens ord gjorde inntrykk på han. Under kobler jeg denne
scenen til refleksjoner rundt nåde, men først vil jeg si litt om hvordan
jeg forstår den filmatiske stilen i *Nattverdsgjestene*.

Filmspråket hos Bergman

Jeg hevder at filmspråket har noen tolkningsnøkler til Bergmans filmer som ofte blir oversett.[12] Presise observasjoner i filmspråket kan føre til nye tolkninger av nøkkelscener og føre til en mer kompleks forståelse av hvordan filmer forteller og hva de formidler. Noen ganger kan analyser av filmspråket få en avgjørende betydning for hvordan jeg tolker en film, dette gjelder særlig sluttscener i filmer der alt framstår som ekstra nøye gjennomtenkt. Den norske teologen Kjetil Hafstad hevdet at Bergman var inspirert av den franske regissøren Robert Bressons filmer.[13] *En landsbyprests dagbok* kom i 1951, og filmen har flere paralleller til *Nattverdsgjestene*. Det er spesielt interessant at Bresson forsøkte å skape et filmspråk som søkte å antyde det som ligger bak, eller utenfor, selve handlingen i filmen. Bresson ville skildre det hverdagslige så nitidig, konsentrert og detaljert at det som overskrider det hverdagslige, det transcendente kommer fram.[14] Bergman er kjent for sitt delvis drømmeaktige filmspråk, og han uttalte selv at filmskapere gjennom filmmediet burde prøve å trenge inn i hittil usette verdener.[15] *Nattverdsgjestene* har ikke noe av dette drømmeaktige preget, men derimot en kompromissløs enkelhet som sterkt minner om Bressons stil. *Nattverdsgjestene* har en strenghet i stil, lyd og virkemidler som grenser mot det asketiske. Som i Bergmans kammerspill er musikken nedtonet, det er ingen musikk som gir farge til scenene og gir publikum hvile. Den eneste filmmusikken vi får høre er salmesangen fra gudstjenesten. Bergman framstiller selv de mest dramatiske scenene i filmen nøkternt, det er ingen fråtsing, ingen store fakter. Den ytre sett mest dramatiske handlingen, Jonas sitt selvmord, blir ikke vist i filmen. Selv når Tomas og politiet er på åstedet og tar med seg den avdøde Jonas, holder kameraet seg på bemerkelsesverdig lang avstand. Karakterene blir små, bokstavelig talt, små brikker i møte med destruksjonen og det vonde. Det er lite tale og lyd i scenen også, bare en buldrende elv.

Hollywoodregissøren og manusforfatteren Paul Schrader har skrevet en bok om Bresson, Dreyer og Ozu, tre filmskapere med som var kjent for sine særegne filmstiler. Schrader lanserte en teori om transcendental filmatisk stil basert på nærlesninger av filmspråket til disse regissørene.[16] Bresson ville underliggjøre det tilvante, og fokusere så skarpt på det hverdagslige at publikum kunne oppleve noe mer og større. For å oppnå dette, valgte Bresson regigrep som skulle minimere det partikulære. Miljøskildringene skulle ikke være ekspressive, men preget av kulde. Det skulle være en divergens, eller en sterk motsetning mellom hovedkarakterer og miljø. Et viktig trekk ved stilen var at miljø- og karakterskildringene skulle kulminere i en avgjørende handling som peker utover mot noe større, en overraskende handling i rammen av et kaldt og saklig univers. Stasis er det avgjørende kjennetegnet på filmer med transcendental stil.[17] Stasis er en betegnelse på svært rolige sluttscener som lar seerne ane en annen og høyere virkelighet. Nærmere bestemt er stasis en dimensjon som står ved siden av og gir et nytt lys til forståelsen av hverdagsligheten i filmen.[18] Det er viktig å understreke at disse sluttscenene på ingen måte trenger å oppløse spenningene mellom person og miljø. Selv om Schraders teori har flere svakheter[19], mener jeg at han har noen originale og spennende observasjoner. I stedet for å begrenses til noen spesifikke regigrep, burde kanskje betegnelsen transcendental stil heller brukes i en videre betydning, som en betegnelse på filmer som via filmspråket forsøker å gjøre tilværelsens mysterium så stort som mulig.

Tilbake til Bergman. Jeg mener at tolkningsnøklene fra transcendental stil kan brukes på *Nattverdsgjestene*. Det er en strenghet og kompromissløshet i Bergmans film som sterkt minner om Bressons stil. Jeg vil påstå at samtalen med Algot er en avgjørende handling i filmen. Algot er den første karakteren som virkelig klarer å nå inn til presten, som klarer å få til en liten reaksjon og endring. *Nattverdsgjestene* slutter ikke med noe under, men med at presten mot alle odds velger å gjennomføre gudstjenesten selv om kirken er nesten folketom. Jeg tolker det slik at dette understreker det hellige i selve handlingen, selv om kirken er tom er ikke gudstjenesten forgjeves likevel. Filmen slutter nemlig på samme måte som den begynner, med en nattverdsscene. Kamera hviler på presten og dveler ved hans ansiktsuttrykk og ord "Hellig, hellig, hellig er Herren Gud den allmektige. Hele jorden er full av hans herlighet". Dette er det som siste som skjer i filmen, og prestens ord virker umulige, usannsynlige og nesten meningsløse basert på filmens handling fram til dette. Men etter møtet med Algot, og ut fra teorien om transcendental stil, så gir det god mening likevel. For å

forklare hva jeg mener med dette, vil jeg si litt mer om nåde hos Luther
og Bergman.

Speilinger – refleksjoner rundt nåde og tvil hos Luther og Bergman

Foreløpig har jeg lagt stor vekt på tvil og lite på nåde. Dette vil jeg bøte
på mot slutten av artikkelen og speile Luther og Bergman i hverandre
ut fra temaet mitt. Jeg opplever nemlig at det er flere fellestrekk mel-
lom Luther og Bergman, både i beskrivelsen av menneskelivet, tvilen
og av nåden. Andre viktig fellesnevnere er kampen mot et gudsbilde
dominert av straff og en religiøs makt som begrenser menneskelig
livsutfoldelse. I *Som i et speil* (1961) spør Minus om alle mennesker er
innestengt i seg selv:

Karin: Hvordan da?
Minus: Innestengt. Du i ditt. Jeg i mitt. Hver og en i sin kube.

Både Luther og Bergman skildrer inngående det ødelagte livet, de-
struksjonen og mennesker som er innestengt eller innkrøkt i seg selv.
Luther forstår dette som et utslag av menneskets syndighet, at blikket
blir vendt innover og dermed bort fra andre mennesker og Gud. Følel-
sesmessig invalid er en betegnelse og anklage som dukker opp i flere av
Bergmans filmer. Karakterene hans er ofte avskåret fra hverandre, de
lever isolert og har dårlig kontakt med egne og andres følelser. Berg-
man skildrer mennesker som er hjelpeløse uten nåde.

Luther var opptatt av spørsmålet om hvordan han kunne finne en
nådig Gud. Hvordan kunne han vite at han hadde gjort nok for å være
sikker på sin egen frelse? Jeg opplever at Bergman i mange av sine
filmer spør, som karakteren Jonas i *Nattverdsgjestene*, hvorfor skal jeg
leve? Hva er meningen med livet? Og Bergmans filmer antyder at det
kan gå på psyken og livet løs hvis man ikke finner gode svar på disse
spørsmålene.

Luthers tvil førte til hans reformatoriske oppdagelse. Fordi han al-
dri kunne gjøre nok for å fortjene nåden, forstod Luther at nåden fullt
og helt var Guds gave og fortjeneste. *Sola gratia*, nåden alene. Nåden

kan også kalles fremmed, fordi mennesket har ikke noen gjerninger vi kan rose oss av overfor Gud. Nåden kommer utenfra, ufortjent. I Bergmans filmer forstår jeg tvilen og fortvilelsen som en avgrunn, som destruksjon, som noe som tapper både livet og relasjoner for mening. Men det finnes likevel flere glimt av nåde i Bergmans filmer og flere av hans karakterer snakker om nåde. Jeg forstår det slik at Algot gir Tomas nåde i sluttscenen i *Nattverdsgjestene*. Algot snakker nemlig om lidelse på en måte som taler til Tomas. Som gjør at Tomas ikke gir etter for organistens ønske om å avlyse høymessen. I *Nattverdsgjestene* fører ikke nåden til en tydelig "happy ending", men den gir kanskje en anelse mer lys. Bergmans nåde er som hos Luther fremmed, den kommer utenfra og ufortjent. Nåden gir Tomas krefter til å fortsette, den gir han styrke til å leve i den troen og den hellige handlingen han kort tid før kalte en løgn. Men filmen slutter før vi får se om nåden fører til en varig endring for presten. Nåden i *Nattverdsgjestene* handler om å få mot til å leve. Mer presist tolker jeg nåden som en opplevelse av at den smertefulle kampen og gudsforlattheten Tomas sliter med i filmen er en erfaring Jesus selv delte. I møte med nåden opplever Tomas at han ikke er forlatt likevel. Bergmans nåde framtrer der makten og autoriteten er avkledd, der avmakten rår. Først når Tomas opplever at Jesu smerte matcher hans egen smerte blir det mulig å fortsette, blir det mulig å gjennomføre gudstjenesten. "Ekkogudens" trygge gudsbilde har brutt sammen, men ut fra lidelsen og gudsforlattheten kan kanskje et nytt gudsbilde bygges?

Jeg har vektlagt at Luther så nåden som en gave Gud gir til menneskene ved troen. Men Luther skrev også om nåde på en annen måte som ligger nærmere Bergmans filmatiske verden. Luther var opptatt av nåden også ut fra tanken om den fortsatte skapelse, det vil si at Gud fortsetter sin skapelse også i verden i dag. Jeg tenker på uttrykket *larvae Dei*, Guds maske, og dermed også på Luthers kalls- og åpenbaringstanke. I sin kommentar til Salme 147 skrev Luther at "Dette er Guds masker, som Gud ønsker å skjule seg bak og gjøre alle ting".[20] Susanne Wigorts Yngvesson påpeker at Luther på denne måten framhever at menneskenes kall er å være Guds masker, være redskaper som tjener Gud og på den måten gjør Gud synlig i verden.[21] Kallet til å være Guds masker kan for det første tolkes som en radikal annerkjennelse av det hverdagslige livet, det innebærer at man ser sitt eget liv som en del av Guds pågående handling og skapelse i verden. For det andre innebærer Guds masker at mennesker kan oppleve Guds nærvær i verden i dag, gjennom troen.[22] Dette positive bildet har imidlertid en bakside også, for Luther mente at å fornekte kallet til å være Guds masker innebærer å åpne verden opp for destruksjon og ondskap.[23] Det viktigste poenget for min argumentasjon er at Luther oppfordret kristne til å være Guds masker for hverandre, masker som Gud kan gjemme seg bak for å gi mennesker del i sin nåde. Grunntanken er altså at Gud fortsetter sin skapelse også i verden i dag, gjennom våre handlinger. Gud er skjult tilstede i verden. Bak godheten vi møter fra andre, kan vi ane Gud. Maskemetaforen gir på denne måten også et svar på hva som er meningen med livet.[24]

Når Bergmans karakterer prater om nåde, eller opplever nåde, kommer det noen ganger nær Luthers tanker om Guds masker. Bergman antyder at nåden kan oppleves i teateret, kunsten og leken. Nåden kan være tilstede i samlivet og i gode relasjoner. Nåde framtrer som livsutfoldelse og glede, som en frihet fra det som begrenser livet. Gustav Adolfs tale mot slutten av *Fanny og Alexander* (1982) kan tolkes som et uttrykk for denne forståelsen av nåde. Jeg forstår det også som nåde når den mellommenneskelige eller eksistensielle ensomheten i Bergmans filmer blir mindre. Evas brev mot slutten av *Høstsonaten* (1978) er et interessant eksempel på dette, og et godt sted å slutte denne artikkelen.

Etter et smertefullt oppgjør med moren skriver Eva et brev. Bergman bruker ofte opplesning av brev som et fortellergrep for å uttrykke viktige poenger.[25] Eva skriver:

> Jeg håper ikke oppdagelsen min skal være forgjeves. Det finnes en slags nåde. Jeg mener den store muligheten til å ta vare på hverandre og å få hjelpe hverandre. Å få vise ømhet. Jeg vil aldri mer la deg forsvinne ut av mitt liv. Jeg skal være sta. Jeg gir meg ikke selv om det er for sent. Jeg tror ikke at det er for sent. Det får ikke være for sent.

Liv Ullmann leser dette brevet med blikket rett i kamera. Bergman avslutter *Høstsonaten* med et nærbilde av moren. Jeg tolker det som et ganske nøkternt statement, men likevel som både overraskende og svakt håpefullt basert på den sterke historien Bergman har fortalt i filmen. Bergmans karakterer *kan* oppleve nåde i møte med andre mennesker, men de må som regel lide mye før de kan komme så langt.

Noter

1 Martin Luther, [1517] 1887.
2 Martin Luther, [1517] 1887.
3 Martin Luther, [1545] 1979, s. 17-21.
4 Martin Luther, [1545] 1979, s. 18.
5 Martin Luther, [1545] 1979, s. 18.
6 Birgitta Steene, 2005, s. 130.
7 Birgitta Steene, 2005, s. 26 f.
8 Jeanette Sky, 2015, s. 43.
9 Jeanette Sky, 2015, s. 149.
10 Jeanette Sky, 2015, s. 43.
11 Jf. K. E. Løgstrup, 1991.
12 Maaret Koskinens innsiktsfulle studie av Bergmans estetikk er et unntak fra dette. Koskinen argumenterer for at Bergman i Nattverdsgjestene utviklet en særegen og asketisk filmatisk stil, ulikt den barokke estetikken som hadde preget flere av hans tidligere filmer.
13 Kjetil Hafstad, 1987, s. 55.
14 Kjartan Leer-Salvesen, 2011.
15 Birgitta Steen, 2005, s. 138.
16 Paul Schrader, 1988.
17 Paul Schrader, 1988.
18 Paul Schrader, 1988.
19 Astrid Söderbergh Widding kritiserer Schrader for å være for opptatt av tematikk og estetikk når han beskriver teorien sin. Widding argumenterer for at Schrader ikke tar tilstrekkelig hensyn til seernes delaktighet og medskapning i filmopplevelsen. Jeg synes disse innvendingene er viktige. *Transcendental Style*

in Film kan, paradoksalt nok, beskrives som en filosofisk og filmteoretisk resepsjonsstudie. En bruk av Paul Schraders teori som i større grad åpner for seernes opplevelser og tolkninger i møte med filmen, kan derimot gi svært spennende filmanalyser.

20 Martin Luther, 1958.
21 Susanne Wigorts Yngvesson, 2016, s. 40 f.
22 Susanne Wigorts Yngvesson, 2016, s. 42.
23 Jf. Susanne Wigorts Yngvesson, 2016, s. 40 f.
24 Susanne Wigorts Yngvesson, 2016, s. 41.
25 Jan Holmberg, 2018, s. 129 f.

Susanne Wigorts Yngvesson

DET FÖRDOLDA OCH LJUSET
I BERGMANS FILMER

År 1525 skrev Martin Luther boken *De servo arbitrio (Om den trälbundna viljan)*. Han var då bannlyst från Romersk katolska kyrkan sedan fyra år och hade en intensiv period av skrivande. Boken var en respons på Erasmus av Rotterdams verk *De libero arbitrio (Om den fria viljan)* som hade publicerats två år tidigare. Konflikten mellan dem rörde frågan om människans vilja, om den var fri eller inte i förhållande till frälsningen. För Luther var detta avgörande för hans teologi om nåden och rättfärdiggörelsen som helt och hållet beror på Guds kärlek och inte har med människans vilja att göra. För Erasmus var nåden också central men han argumenterade ändå för att människan har möjlighet att säga ja eller nej till den nåd som erbjuds. Det var viktigt för relationen mellan Gud och människa att det finns en frihet i detta, enligt Erasmus. Men människan är slav under synden, argumenterade Luther, vilket inte endast innebar att hon är oförmögen att rädda sig själv utan också att livet är sådant att vi ständigt behöver relatera oss till givna villkor såsom kropp, tid, rum, kärlek, lidande och död.

Gud som den onämnbare

Ett begrepp som är viktigt för Luther i denna diskussion är *Deus absconditus*, den dolde guden. En medeltida filosof och teolog som har fångat paradoxen är Nicolaus Cusanus, som skrev *De deo abscondito (Den fördolde Guden)* 1445, det vill säga 80 år tidigare än Luthers skrift. Inramningen av Nicolas Cusanus text är en dialog mellan en hedning och en kristen som samtalar om vem Gud är. Cusanus låter den kristne argumentera för *visio*, det vill säga en mystik intuition som är större än förnuftet och synonymt med "den högsta enheten", en Gud som är "varken benämnd eller icke benämnd". En Gud som ingen – inte kyrkan, kungen, lagen eller vetenskapen – förstår eller kontrollerar. Här är ett exempel ur dialogen mellan den skeptiske hedningen och den troende kristne:

– Det är märkliga egenskaper du tillskriver den Gud du tillber; Han är varken ingenting eller något. Det kan ingen människa begripa.

– Gud övergår både ingenting och något, ty ingenting lyder Honom och blir något. Och detta är hans allmakt; i sin makt står Han över det som är och det som inte är, så att både varat och icke-varat lyder Honom. Han gör nämligen så att icke-varat övergår i varat, och varat i icke-varat. Han är alltså inget av allt det som är underordnat Honom, och som Hans allmakt föregår. Därför kan man inte ge Honom det ena namnet framför det andra, eftersom allt utgår från Honom.

– Kan man inte ge Honom ett namn?

– Det som kan ges ett namn är smått; hans storhet kan man inte fatta, och därför förblir han outsäglig.[1]

Det är bland annat mot denna förståelse av den fördolde Guden som Luther utformar sitt argument om den trälbundna viljan som kan frigöras genom nåden. Gud är fördold och låter sig inte inordnas i språket eller under människans förnuft. I Filipperbrevet uttrycks det: "Så skall Guds frid, som övergår allt förstånd, bevara edra hjärtan och edra tankar, i Kristus Jesus." Poängen är tydligare här i 1917 års översättning än i den senare från 2000 där det talas om Guds frid "som är mera värd än allt vi tänker". (Fil. 4:7)

Närvaron av det fördolda

Av vissa skäl har jag uppehållit mig vid denna historiska och teologiska ingång innan jag nu närmar mig min tolkning av Ingmar Bergmans film *Smultronstället* (1957). De nycklar jag vill använda är tvivlet, nåden och närvaron av det fördolda, såsom man kan tolka dessa i luthersk teologi.

Bergman är 39 år när både *Smultronstället* och *Det sjunde inseglet* har premiär och han har då cirka 18 filmer bakom sig (beroende på hur man räknar). Infogat i den kronologiska berättelsen om den åldrade Isak Borg (Victor Sjöström) – för övrigt samma initialer som Ingmar Bergman, en poäng Bergman beskrev som "enkelt och billigt". Isak Borg är inte endast initialerna av hans namn eller en modell av hans pappa utan en figur "som var jag alltigenom".[2] Hursomhelst, Isak Borg är på väg till en ceremoni i Lund där han ska hedras som jubeldoktor. Genom hans berättarröst och återspeglingar får vi inblick i hans drömmar och hans innersta. Drömmarna kommer till honom både som nattliga demoner och som dagdrömmar från en förfluten tid. Drömmarna påminner Isak om att det finns en parallell värld, en värld som är fördold, som inte lät sig levas men som lever ändå.

I en mardröm i början av filmen vandrar han i en stad av överexponerat ljus där tiden som *chronos*, den kronologiska tiden, har upphört. Klockan har inga visare. Han tycks både död och levande, eller att föreställningen om honom själv avspeglar honom som död och levande samtidigt. Den vakne och gamle Isak är medveten om att hans dagar är räknade och minnena vill hinna ikapp. Tränga sig på. Kanske redigera det framtida minnet av sig själv hos sin son och sonhustru som julsagans Ebenezer Scrooge: kall, snål och elak. Under resan till Lund konfronteras han med några avgörande händelser ur det förflutna genom dagdrömmar och minnesfragment. Fångade han ögonblicken när *kairos* var inne? Hur kan en människa alls förstå sin livsväg? Är verkligheten den verklighet vi erfar eller är verkligheten fördold i ett mystikt "både ingenting och något"? Läkaren och jubeldoktorn i bakteriologi – en vetenskap om det fördolda – tvingas erkänna att en annan värld tränger sig på, en som länge har varit glömd i hans existentiella landskap: "Dagens klara verklighet gled över till minnets ännu klarare bilder."

Denna sortens laborerande av sanning och verklighet hos Bergman återkommer i många av hans filmer. Inte minst i *Fanny och Alexander* (1982), där karaktären Isak är en judisk köpman som räddar barnen/

leken/fantasin från biskopens dogmatik/instängdhet/våld. Där låter
Bergman kameran visa oss den parallella världen genom liemannen
som förebådar pappans död, pappan som en ljusgestalt eller den osyn-
liga närvaron av ett ljus som endast pekar mot en öppning av det som
är fördolt men närvarande. Innan Alexander får se en skymt av lie-
mannen har han just somnat under matsalsbordet. Han vaknar av att
klockan slår tre. Det bleka vinterljuset strömmar in genom fönstret.
En kvinnoskulptur i vitt gör en rörelse med handen och pekar ut mot
hallen. I skuggorna ser han döden, inte olik döden i *Det sjunde inseglet*
(1957) som släpar sin lie och försvinner bort. *Persona* (1966) är ett an-
nat exempel där dröm och verklighet flyter samman i en ikonografisk
rörelse från bilden vi ser till verkligheten såsom den kommer till be-
traktaren genom bilden och genom speglingar av bilden.[3]

Vad Bergman konstnärligt gestaltar med detta tema är en viss form
av förnuftskritik som går tillbaka till antikens konflikter mellan stoiker
och platoniker; filosofiska och teologiska dispyter mellan realister och
idealister; Aristoteles mot Augustinus; rationalister mot romantiker.
Konflikten gestaltas bland annat i *Smultronstället* i en scen på Brahehus
vid Vätterns strand, där sällskapet har stannat för lunch.

Isak Borg tycks upplivad av de unga människorna omkring sig som
tar livets frågor på allvar. Prästkandidaten citerar en psalm till gitarr:
"Ack när så mycket skönt i varje åder, av skapelsen och livet sig förrå-
der. Hur skön då måste inte själva källan vara, den evigt klara?" Ateis-
ten och prästkandidaten leds in i en hetsig diskussion om Guds exi-
stens. Isak, som inte vill svara på frågan om han tror på Gud eller inte,
svarar istället med den inledande raden i psalmen och med cigarren i
handen: "Var är den vän som överallt jag söker. När dagen gryr min
längtan blott sig öker. När dagen flyr...". Här tappar Isak minnet av
texten. Marianne tar vid: "...När dagen flyr jag än ej honom finner".
Prästkandidaten hakar på: "Fast hjärtat brinner." Ateisten bryter in i
deklameringen: "Professorn är religiös, inte sant?" Isak svarar inte di-
rekt på frågan men hans fortsättning är en öppning av ett svar genom
Johan Olof Wallins psalm: "Jag ser hans spår varhelst hans kraft sig
röjer. En blomma doftar och ett ax sig böjer". Scenen är ett koncentrat
av konflikterna mellan en sådan filosofi och teologi som vill kapsla in
sanningen som, å ena sidan, modellartade kartläggningar och, å andra

sidan, ett mystiskt romantiskt förhållningssätt som är sökarens. "Var är den vän som överallt jag söker?" och svaret kommer i form av en lutherskt influerad skapelseteologi: "Jag ser hans spår".

Wallins inflytande och Guds närvaro

Den romantiskt influerade Wallin låter en luthersk skapelseteologi blomma ut i en av den svenska psalmskatternas främsta lyriska verk. Gud mask, *larva Dei*, visar sig överallt: genom vår nästa, genom träden och varhelst Guds kraft sig röjer. Den som har tro får också ögon att se med. Det är fråga om perspektiv på en och samma värld, med eller utan tro. Här håller något på att hända med Isak Borg, något fördolt gör sig påmint.

Bergman, menar jag, markerar med denna dialog inte ett avståndstagande från förnuftet men däremot ett avståndstagande från auktoritära och slutna förklaringar av sanning och verklighet, det vill säga sådana som gör anspråk på att underordna livet och mysterierna språket. I flera filmer upprepas samma sorts kritik mot livsåskådningar som förnekar det fördolda genom att bortförklara närvaron av det oförklarliga och överraskande i tillvaron.

Här finns det flera paralleller att dra mellan Bergmans livsåskådning och lutherskt influerad teologi. Även för Søren Kierkegaard tillhör tron det paradoxala. Estetiken och etiken är inte tillräckliga för att förklara tron. När Kierkegaard brottas med berättelsen om Abrahams offer av Isak i *Fruktan och bävan* säger han: "Jag kan inte göra trons rörelse, jag kan inte sluta ögonen och tillitsfullt störta mig ut i det absurda, det är mig en omöjlighet, men jag berömmer mig inte därav."[4] Tron på det gudomliga är alltså inte resultatet av ett beslut, utan en gåva av nåd som människan kan öppna sig för att se eller inte se. Utan att dra bibelparallellerna för långt kan det ändå vara värdefullt att nämna att Isak i *akedah*, berättelsen om Abrahams förväntade offer av sonen Isak, är den efterlängtade sonen och samtidigt den som görs beredd att offras. Detta är ju ett faktum som även Isak Borg ställs inför när han ser tillbaka på sitt liv både i förhållande till sin mamma och till sin son.

Jag kan inte se någonting

I en surrealistisk drömscen möter Isak sin examinator. Associationerna går till August Strindbergs drama *Ett drömspel.* I pjäsen finns en scen som är lik den i filmen: Officeren sitter i en skolbänk och får upprepade enkla eller surrealistiska frågor som han inte kan svara på.[5] Isak Borg ställs inför en rad frågor som verkar tillsynes enkla, men Isak kan inte avkoda bilderna eller språket. Sammanhangen är *non sens* för honom. Istället för att bejaka det han verkligen ser och läser är hans slutsats som vetenskapsman att det är något fel på mikroskopet: "Jag kan inte se någonting", säger han. Eller när han ombeds förklara vad som står skrivet på tavlan så är orden meningslösa: "Jag är läkare och inte en språkman." Han underkänns i alla tester och kan inte ens svara på vad en läkares första plikt är. Examinatorn säger: "En läkares första plikt är att be om förlåtelse."

I den verkliga världen är en läkares första plikt alltsedan Hippokrates (cirka 460–370 f.Kr.) att rädda liv, medan förlåtelse handlar om att erkänna livets begränsade villkor och egna brister. Vetenskapen har inte alla svar och kanske inte heller de rätta svaren. Människan behöver tvivlet för att genomskåda de spruckna ytorna. Här öppnar Bergman för det som Luther menar med nåden, det vill säga den överflödande kärlek som Gud ger för att friköpa människan från synden och den trälbundna viljan. Hur nåden fungerar går inte att förstå såsom man förstår medicin, biologi eller filosofiska argument. Nåden förmedlas med ett annat språk vars hemligheter är fördolda för människan. Hon kan inte förtjäna, bara ta emot nåden när den ges. Detta är drömmarnas funktion hos Isak som visar sig få konsekvenser för hans relationer med personer runtomkring. Drömmarna tränger igenom hans verklighets bubbla och släpper in både mörker och ljus. Låter honom se sig själv liksom utifrån.

Minnets drömmar och ett pågående nu

I *Nattvardsgästerna* har tvivlet en annan funktion. Inte genom att tvivla på påstådda vetenskapliga fakta utan genom de blinda fläckarna hos prästen Tomas som gör att han inte ser miraklet i sin närhet. Tomas vill tro på en rationell och mönsterformad gud som är stöpt enligt hans egen önskan, eller snarare oönskan, om hur Gud är. Det är en narcissistisk gud som inte kan bli mer än en avspegling av honom själv. Den som inte älskar sin nästa som sig själv kan inte heller tro sig vara älskad av den Gud som är fjättrad av logik och rationalism. Tomas vill inte ha Märtas kärlek som han uppfattar som efterhängsen och barnslig. Han stöter henne ifrån sig och tycker att hon är äcklig med sitt eksem. Men likväl kan han inte vara utan henne. I en scen i kyrkan faller han ihop i förtvivlan och feber. Hon omfamnar honom och lägger honom i sitt knä, likt en pietà. Märta har genom bön blivit botad från smärtsamt eksem som bildade öppna sår i handflatorna, på fötterna och under hårfästet (Kristussymboliken är uppenbar). Tomas är blind för miraklet, men Märta befriar orden ur Tomas bara genom att finnas. När Tomas skäller på Märta och förklarar att han aldrig vill se henne igen, att hon är vidrig med sin omsorg och sina vardagsnära problem, då är det som om han rasar mot både sin idealgud och sin monstergud. Det tycks som om det är ljuset genom fönstret som leder till prästens sammanbrott. Han kan inte värja sig. Han drabbas av solen som om den upplyste honom med ett annats slags seende.

I *Smultronstället* blir genomlysningen av Isak, hans självbetraktelse och självrannsakan, särskilt tydlig i en spegelscen med Sara (återigen en biblisk referens till offerberättelsen där Sara är Isaks mamma och Abrahams hustru). Isak har kommit fram till sin barndoms och ungdoms sommarhus. I minnet träder de döda fram som levande, såsom han minns dem. I drömscenen möter han Sara som är Isaks ungdomskärlek och som gifte sig med hans bror Sigfrid. Men Isak är inte endast betraktare av sitt minne utan minnet lever också sitt eget liv och konfronterar honom genom hans tillbakablick. Minnets drömmar blir delar av ett pågående nu, ett drömspel där han får se sig själv utanför sig själv. När Isak glider in i drömmen visar Bergman ett ögonblick av dubbelexponering mellan verkligheterna: kroppen i bilen, drömmen med de svarta fåglarna som övergår i en utstjälpt smultronkorg.

"Har du sett dig i spegeln Isak? Inte det? Då ska jag visa dig hur du ser ut. Du är en gammal ängslig gubbe som snart ska

Vi behöver en annan som håller upp spegeln och är ärliga mot oss, någon som säger åt oss att inte titta bort. Sara (Bibbi Andersson) håller upp spegeln framför Isak Borg (Vilgot Sjöman).

dö. Men jag har hela livet framför mig. Titta, nu blev du sårad i alla fall."

"Nej, jag blir inte sårad.", säger Isak ledset.

"Jo, du blir sårad, därför att du inte tål sanningen och sanningen är att du har tagit alldeles för mycket hänsyn. Då blir man grym, utan att vilja det."

"Jag förstår."

"Nej du förstår inte. Vi talar inte samma språk. Se dig i spegeln en gång till. Nej, du ska inte titta bort."

"Jag ser."

"Nu säger jag såhär: jag ska gifta mig med din bror Sigfrid. Han och jag älskar varandra, nästan som på lek. Titta nu hur du blir i ansiktet. Försök att le."

"Det gör så ont."

"Du som är professor emeritus borde väl veta varför det gör ont, men det vet du inte. För trots att du vet så mycket så vet du egentligen ingenting. Jag måste gå. Jag har lovat att se efter Sigrids lilla pojke om han gråter."

Isak klarar inte att se sitt sanna själv. Det är det få som klarar, kanske inte ens någon. Vi behöver en annan som håller upp spegeln och är ärliga mot oss, någon som säger åt oss att inte titta bort. Parallellerna till titlarna på Bergmans filmer *Såsom i en spegel* (1961) och *Ansiktet* (1958) är förstås uppenbara, liksom Paulus ord i kärlekens lov enligt 1917 års översättning: "Nu se vi ju på ett dunkelt sätt, såsom i en spegel, men då skola vi se ansikte mot ansikte. Nu är min kunskap ett styckverk, men då skall jag känna till fullo, såsom jag själv har blivit till fullo känd." (1 Kor. 13:12). Även Platon och senare Augustinus använder spegelmetaforer för att peka mot det som är fördolt, mot det som människan inte kan uttrycka eller se men som hon kan ana och ta emot. Isak Borg tvivlar men bejakar samtidigt sin längtan efter sanningen och öppnar därmed vägen för nåden att släppas in.

Samtidigt är filmen just film och som sådan är den en förställning av det som skildras. Tematiken i filmen, i alla filmer, är en avbild av det som berättas. Samtidigt sker det något verkligt i det som vi kallar verkligheten. Bergman kommenterar detta förhållande i relation till just *Smultronstället* och Isak Borgs ansikte. Det är en kommentar över paradoxen om att människan är som mest sann när hon ljuger, vilket Bergman ansåg.

Ansiktet [Isak Borgs] skimrar av hemlighetsfullt ljus liksom reflekterat från en annan verklighet. Dragen blev plötsligt milda, nästan veka, blicken stod öppen i leende ömhet. Det var som ett under ... Ändå var ju alltsammans bara ett spel i en smutsig ateljé.[6]

Förhållandet mellan tillvaron, nåden och uppenbarelsen av det fördolda skildras på ett gränslöst flödande sätt i barnkammarscenen i *Fanny och Alexander*. En till synes enkel stol förvandlas inför barnens ögon och pappans berättelse till en magisk stol med ett särskilt skimmer. De troende får en relation till det osynliga som framträder av orden i ljuset från lampskenet. Det befriande för dem alla, inklusive oss som tittar på filmen, är att Bergman pekar på att mysteriet med tingen och ljuset är det som kommer med tingen och ljuset. Det finns ingen konflikt mellan tro och förnuft. Tron är förnuftig men den är ett annat slags seende än det ljus som gestaltar ljuset. När Bergman, långt efter *Smultronställets* tillkomst, intervjuas av Lars Bergström mellan 1988–90 om hela sin produktion dittills, tittar han motvilligt på många av sina filmer. I mötet med sitt eget förflutna häpnar han över hur mycket han har glömt. Han väljer just *Smultronstället* som får utgöra ett exempel på svårigheten att se sig själv genom sina verk:

> Nu skulle jag alltså redovisa källorna och plocka fram
> själens suddiga röntgenfotografier … Jag skulle återvända
> till filmerna och gå in i deras landskap. Det blev en jävla
> promenad … Med utgångspunkt från Smultronstället kan jag
> exemplifiera försåtligheten i min nuupplevelse.[7]

I filmen visar Bergman en rad motsättningar såsom dröm/verklighet; sanning/lögn; rationalism/mysterium; förlåtelse/skuld; spegelbild/ verklighet; ungdom/ålderdom. Den som tittar i en spegel ser reflektionen av sitt ansikte, men också det som finns bakom henne. Det hon inte kan se med egna ögon. Den värld hon vänder ryggen emot. Så är också ramhandlingen i filmen konstruerad. Den kronologiska historien slutar där den börjar, med att vi ser Isak Borg bakifrån där han sitter och skriver hemma i Stockholm, efter resan som han ska berätta om. Filmens ögonblick av *kairos*, den rätta tiden, slutar däremot i en drömscen, när han ser sina föräldrar på håll. De sitter på en klippa vid vattnet och de vinkar till varandra, Isak och föräldrarna, bortom tidens och rummets begränsningar. Genom drömmarnas återspegling från den parallella världen återfår Isak Borg hoppet om försoning med sin son, sitt förflutna och med sig själv.

Noter

1   Se t. ex. Cusanus, 1940 (här i svensk översättning).
2   Ingmar Bergman, 1970, s. 20.
3   Susanne Wigorts Yngvesson, 2015.

4   Søren Kierkegaard, s. 32.
5   Caroline Krook, s. 139, 142.
6   Citerat i Jan Holmberg, s. 63 f.
7   Ingmar Bergman, 1970, s. 14 f.

Sofia Sjö

KONSTNÄREN, BARNET
OCH HIMMELRIKET

I en intervju i samband med sin 80-årsdag konstaterar Ingmar Berg-
man: "Jag tror att allt vad jag har gjort, överhuvudtaget, som det har
varit nåt värde i, har sina rötter i min barndom eller dialektiskt, alltså
en dialog, med barndomen"[1]. Alla som är bekanta med Bergmans fil-
mer och Bergmans liv nickar säkert medkännande när de läser de här
orden.

Bergman tenderar, i likhet med andra "stora" regissörer, att
både ta och ges, om inte alltid huvudrollen, så i varje fall en central roll
i en analys av hans filmer[2] och omvänt får filmerna ofta en central roll
i berättelser om Bergmans liv[3]. Ofta tar studierna dessutom avstamp
i Bergmans barndom eller i hans tankar om barndomen. Frank Gado
inleder till exempel sin bok om Bergman med ett avsnitt kallat "The
depths of childhood"[4] och Peter Cowie med kapitlet "Childhood
shows the man"[5]. Kritiska röster har också riktats mot litteraturen om
filosofen och tänkaren Bergman och den starka kopplingen mellan
Bergman själv och hur hans filmer och filmestetiska verk har blivit
till.[6] Med den här essän vill jag inte bryta med den tidigare forskningen,
men jag vill göra en läsning av en del av Bergmans framställningar
av barnet och barndomen som inte tar avstamp direkt från Bergman,
utan inom en bredare kulturell, teologisk och narrativ ram.

Som forskare i religion och film och med en förkärlek för nordisk
film har jag reflekterat mycket kring hur nordiska filmskapare valt att
ta sig an religion och vad dessa framställningar antyder om föreställ-
ningar och attityder till religion idag.[7] Jag har emellertid långt undvikit
att beröra Ingmar Bergman och hans verk och det här av flera orsaker.
För det första, och inte minst, har andra forskare på ett ypperligt sätt

tagit sig an tematiken[8] och jag har inte ansett att jag haft mycket att
tillföra. För det andra uppfattar jag Bergman som svår. De teman han
berör ligger ofta långt utanför min egen bekvämlighetssfär. Bergmans
filmer irriterar mig ofta, men jag erkänner gärna att denna irritation
garanterat har att göra med att han, som den storslagna filmskapare
han var, lyckas beröra, även när jag inte vill bli berörd.

Inspiration till den här essän har jag hämtat i den utmaning organisa-
törerna av konferensen *Trolösa*. *Luther i Bergman och Bergman i Luther* gav
mig. Med två begrepp – glädjen och synden – inspirerade de mig att
se nya sidor hos Bergman. Kopplad till ett tidigare intresse för barn på
film och barnkultur[9] kom jag att upptäcka barnen i några av Bergmans
filmer, karaktärer jag inte tidigare fokuserat mycket på. I det följande
ger jag min läsning av barnen och barnens symboliska roll i *Det sjunde
inseglet*, med några avstickare till *Fanny och Alexander*. Det jag vill visa på
är det jag för det första uppfattar som en tidstypisk syn på barnet hos
Bergman, men en med tiden problematisk syn. För det andra önskar
jag jämföra Bergmans syn på barnet med en del teologiska perspektiv
hämtade från Martin Luthers tänkande, för att visa på både likheter
och några väsentliga skillnader som jag uppfattar för fram en oroande
människosyn hos Bergman. För det tredje vill jag lyfta in några nya
röster i diskussionen, filmskapare som möjligen låtit sig inspireras av
Bergman, men som för fram en delvis annan syn på barnet och barn-
domen och i förlängningen människan och kanske även relationen
människa och gud.

Min utgångspunkt är symbolteoretisk och jag bygger vidare på ett
delvist religionspsykologiskt,[10] men också antropologiskt perspektiv
på symboler. Jag ser barnet som något som pekar bortom sig självt
och antyder något väsentligt om sin kulturella sfär. I Ortners anda[11]
uppfattar jag barnet som en nyckelsymbol som ger oss en inblick i
bredare föreställningar om vad vi värdesätter och vad det innebär att
vara människa.

Glädje och synd i dödens väntsal

Nästan exakt mitt i *Det sjunde inseglet* utspelar sig en scen som ofta diskuterats i analyser av filmen.[12] I kortet handlar *Det sjunde inseglet* om riddare Blocks resa hem, en resa i dödens skugga, både bildligt och konkret. Resan går genom ett land plågat av pest, men riddare Block spelar dessutom under resans gång schack med Döden för att få mer tid. Han är inte redo för döden eller allt hos honom är det inte. Scenen jag utgår från fångar mötet mellan riddare Block, skådespelaren Jof och Jofs familj. Scenen kan läsas som en paus eller ett andningshål för riddare Block. Riddare Block får, som det verkar, via den enkla måltid bestående av mjölk och smultron som han på en soldränkt äng delar med Jofs familj energi till att återuppta sitt spel med döden. När Jofs familj slår följe med riddaren får Block senare dessutom något att kämpa för, något som verkar bära honom till slutet.

Eftersom det går att läsa scenen dramaturgiskt vill jag här stanna upp vid barnets roll. Scenens första tydliga barn är Jofs och Mias son Mikael. Pojken är liten och oskuldsfull och kopplas på ett direkt sätt till glädje. Mikael beskrivs som en stolthet för sina föräldrar, men även riddare Block verkar uppfatta pojken som något betydelsefullt. Hans annars allvarliga utseende byts till ett leende när han ser Mia och Mikael och hör Mikaels glada skratt. Scenen och framställningen av barnet framstår inte som speciellt originell, varken för Bergman eller allmänt. Ett liknande lov över nyfödda barn bjuds man också på i slutet av *Fanny och Alexander*, även där i samband med en måltid.[13] Det sätt på vilket barnet här sätts i fokus för emellertid tankarna vidare till andra barnkaraktärer eller barnlika karaktärer i filmen. En sådan är Jof, som trots att han är en vuxen man ofta framställs som ett oskuldsfullt barn. När han stiger in i scenen har han just blivit misshandlad och tyr sig som ett barn till sin mor till Mia för att få tröst. I samspråk med riddare Block blir Jof delvis en annan mer seriös karaktär, även om hans oskuld består.

De enda av huvudkaraktärerna som överlever filmen är Jof och hans familj och den överlevnaden knyts på många sätt just till deras oskuldsfullhet. Jofs barnsliga sinne gör att han kan uppfatta sådant som andra inte ser, sådant som kan vara fantasi eller verklighet. Han ser hur riddare Block spelar schack med Döden och ger sig iväg med sin familj medan Block håller Dödens uppmärksamhet på spelet. I filmen möter vi även två andra karaktärer som beskrivs som barn – en ung kvinna som ska brännas på bål för att hon anses vara en häxa och en kvinna/flicka som Blocks väpnare Jöns räddar. I likhet med Jof framstår personerna som oskyldiga till det våld de utsätts för, men i motsats till Jof som inkapabla att göra något för att ändra sin situation. Barnet hos Bergman blir en källa till glädje, men knyts också till utsatthet och en brist på aktörskap. De kan inte styra över sina liv, men ges inte heller någon drift eller vilja att göra det. Med detta sagt kan det också påpekas att inga av hans karaktärer ges speciellt stort handlingsutrymme. De är alla fångna i sina liv och sina kvävande band, ofta kopplat till en svår barndom och en problematisk barn–förälder relation.

Framställningen av barnet i *Det sjunde inseglet* och i andra av Bergmans filmer väcker tankar kring den åtskillnad Bergman verkar göra mellan barn och synd. Synd, i bemärkelsen ett brott mellan gud och människa[14] är i Bergmans filmer något som tillskrivs religiösa vuxna individer och som blir deras problem. Det här är ett problem som de sedan kan anses göra till andras problem genom att projicera synden på andra, även på barn. Biskopen i *Fanny och Alexander* ser till exempel barnens beteende och deras fantasi som problematisk och syndig, men det här är ett perspektiv filmen kritiserar, inte understöder. I den mån Bergman på djupet verkar intressera sig för synden handlar det om relationen människor emellan. Fokus ligger med andra ord på hur individer behandlar varandra och vad man utsätter varandra för. Då blir barnet ofta en utsatt enhet. Vi ser det med häxan i *Det sjunde inseglet*. Hon har fått höra om sitt så kallade brott och sitt samröre med den onde, men riddare Block ser henne istället som ett offer för människans ondska. I *Fanny och Alexander* är det barnen som får bära biskopens synd. På gränsen mellan att vara barn och vuxen kan också Alexander uppfattas befinna sig vid slutet av en oskuldsfull tid, men i det stora hela finns barnet utanför synden. Genom sin oskuldsfullhet verkar det kunna se himmelriket.

Barn av sin tid

Bergmans framställningar av barnkaraktärer uppfattas säkert inte som förvånande, speciellt inte hans framställningar i tidiga filmer som *Det sjunde inseglet.* Bergman är helt enkelt en regissör av sin tid. Som Malena Janson har konstaterat i sin analys av svensk barnfilm[15] var det tidigare en återkommande tanke att barnet uppfattades som en länk mellan en transcendent verklighet och de vuxnas värld. Tanken på barnet som något utsatt som behöver skydd och ledning var också rådande. Likaså var det vanligt, som det ännu är idag, att presentera samhällsproblem och orättvisor från det lidande barnets perspektiv. Allt det här passar rätt bra in på bilden av barnet i *Det sjunde inseglet* och i flera andra av Bergmans filmer. Den oskuldsfulla Jof har förmågan att se det andra inte ser. Det rör sig kanske bara om fantasier, men det räddar honom samtidigt från döden. En ung flicka bränns på bål som häxa och får representera offret för religiös fanatism och ett samhälle i förfall. Den unga kvinnan som Jöns räddar är också ett offer, ett stumt offer som inte ges en röst förrän slutet. Även det kan man tycka med en symbolisk betydelse som understryker barnets utsatthet och brist på aktörskap.

Nu kan man verkligen inte påstå att Bergmans filmer är barnfilmer och således faller inom samma kategori som de filmer Janson analyserar, men representationer av barn blir oberoende av kontext intressant. Framställningar av barn fångar ofta in samhälleliga och kulturella föreställningar och normer.[16] Det viktiga är inte vad filmerna antyder om vad det är att vara barn, barnet och barndomens essens om man så vill. Kulturella representationer av barn och barnkultur är i sig ofta ett svårt ämne eftersom dessa så gott som alltid kommer via den vuxna världens perspektiv[17] och en viss tidsandas idéer om barnet och barndomen[18]. Det som gör föreställningarna intressanta är istället just det de antyder på ett djupare plan om vilka vi är som människor, eller vilka vi anser att vi borde vara. Det här kan barnet på film göra oberoende av genre. Med det här inte sagt att barnet är det enda som kan symbolisera något av betydelse eller att barnet alltid har en stark symbolisk betydelse. Ofta verkar representationer av barn ändå vara betydelsefulla, något som blir tydligt när man ser hur barnet återkommer och hur det knyts till centrala samhällsfrågor.[19]

I barnkultur och barnfilm finns en tydlig pedagogisk aspekt.[20] Det här elementet hittar vi vanligtvis inte på samma sätt eller lika tydligt i filmer för en vuxen publik, men det betyder förstås inte att elementet är helt borta eller att framställningen blir mindre intressant och lärorik. Vad händer när vi för fram barnet som utsatt och oförmöget att handla? Vad antyder de här föreställningarna om en möjlig bakomliggande människosyn? Vad förlorar vi möjligen på föreställningar av det här slaget?

Janson visar i sin avhandling[21] på en tydlig utveckling av bilden av barnet i barnfilm, en utveckling kopplad till samhällsförändringar och förändrade synsätt på barn. Speciellt från slutet av 70-talet och framåt får barnet en annan natur och en annan form av aktörskap i många filmer. Det betyder inte att tidigare föreställningar försvinner, men något händer med bilden och vårt sätt att relatera till barn. Janson har speciellt fört fram Kay Pollaks *Elvis! Elvis!* (1977) som ett exempel på att något nytt är på gång. Det nya handlar inte om att barnet nu är fritt och inte begränsat i sitt handlande, men det handlar om att barnet ges en egen vilja, en egen roll och ett eget mål som är viktigt i sig och för det filmen vill berätta och inte enbart som en barnslig kuriositet. Barnet är inte längre den som bara ser och den som livet händer – med kuriosa och humoristiska inlägg. Istället blir hen en individ, inte en liten vuxen, utan någon med en giltig strävan efter erkännande för den hen är.

Man kan utan tvivel ha olika åsikter om hur aktiva eller passiva Bergmans barnkaraktärer är. Filmkaraktärer kan tolkas olika beroende på perspektiv och ingång i historien, men personligen frustreras jag över de passiva roller jag uppfattar Bergman ofta ger sina barnkaraktärer. De blir enligt mig tysta observatörer av de vuxnas värld, inte så sällan med en förmåga att se det inte andra ser, en förmåga som emellertid i första hand exotifierar dem och gör dem till något annorlunda och utanför. Här finns kanske också en tanke om att barnets förmåga är något högre, något liknande konstnärens förmåga att tidvis se och gestalta det andra inte ser. Det är till exempel inte en tillfällighet att Jof är skådespelare och Alexander kommer från en skådespelarfamilj. Båda ges förmågan att se något bortom världen här och nu, men deras position är i första hand den passiva observatörens. Alexander tar visserligen upp kampen med biskopen, men frågan är vem som slutligen segrar. I likhet med sitt tvivel på gud har Bergman också ansetts föra fram ett tvivel på konsten[22] och kopplingen mellan konsten och barnet kan också ses som ett sätt att infantilisera och begränsa konsten.

Ett sätt att enkelt (bort)förklara Bergmans bilder av barn kan också vara att helt enkelt konstatera att han inte var en expert på barn eller diskurser om barn eller hade så stor förmåga eller intresse att ta sig an dessa teman i sina filmer. Ett annat vanligt perspektiv är att se Bergmans egen svåra barndom speglas i hans bilder av barn. Båda perspektiven har säkert en poäng. Det jag emellertid vill ta fasta på här är vad följderna av bilden blir och hur andra bilder kanske kan vara till större nytta i ett försök att skapa förståelse för andra idag. För att göra det här vill jag först jämföra barnet hos Bergman med barnsymboliken hos Martin Luther, en symbolik där passiviteten också kan anses stå högt i kurs, men andra röster kanske också finns. Jag utgår här i första hand från Robert Kolbs och Lubomír Batkas läsningar av Luther och försöker mig inte på en egen tolkning av Luthers texter. Det jag bygger påstår jag emellertid inte är direkt i linje med de analyser jag utgår ifrån. Det här är således ett personligt tankeexperiment som mötet mellan Bergman och Luther inspirerat, ett experiment jag fortsätter i essäns avslutande del där Bergmans bilder jämförs med nyare verk.

Guds passiva barn

Det vilar på många sätt något lutherskt över Bergmans framställning av barnet. Om vi återgår till scenen med riddare Block och Jofs familj finns här en konkret glädje kopplad till det vardagliga och till familjen, en glädje som skildringar av Luther och hans liv ofta tar fasta på. Men även på en mer teologisk nivå är det lätt att hitta en koppling till Luther och då framför allt hans tankar om människan som guds barn och de förälder- och barnmetaforer han ofta använde sig av.[23]

Om vi börjar med temat synd kan man konstatera att temat inte är så tydligt hos Bergman, men återkommande hos Luther, även om Luther aldrig skrev en text som enbart berörde synd (Batka 2016). Trolöshet är visserligen ett tema Bergman ofta berör, men det här är bara en aspekt av synden när perspektivet ligger på relationen människa–gud. Luthers fokus på synden var ändå på ett intressant sätt en annan än tidigare traditioner. På sätt och vis är den, som bland annat Batka visat på[24], mer extrem med sin grundtanke att synden från första början

Jof (Nils Poppe) tvivlar inte utan har en blind tro som kopplas till en barnlik
oskuld. Tillsammans med hustrun Mia (Bibbi Andersson) och barnet reser de
genom landet. Riddaren Block (Max von Sydow) är alltför upptagen med sitt
tvivel för att se lidandet omkring sig.

är personlig: arvsynden handlar inte om att vi ärver vår synd från för-
äldrarna utan om att vi föds syndiga. Människan är på så sätt syndens
offer och inte ens en döpt och troende kristen kan avskärma sig från
synden. Det enda som kan rädda människan är således guds kärlek och
förlåtelse. Endast som guds barn kan människan hitta frälsning. Det
finns emellertid något tydligt begränsat och passivt över Luthers syn
på människan och hennes roll som guds barn.[25] Människan måste för-
lita sig på gud och på guds handlande. Det enda människan kan göra är
att tro. Det är endast genom Kristi död människan kan göras rättfärdig
igen och syndaren kan stiga in i rollen som guds barn. På liknande sätt
hittar vi hos Bergman framställningar av det lilla och det vuxna barnet
som är begränsat i sin handlingsförmåga. Barnet är underkastat andra
och har inte makt att slå sig fri, varken som barn eller vuxen. Alexander
och Fanny kan inte rädda sig själva och i *Det sjunde inseglet* finns för de
flesta ingen utväg.

Den här passiviteten i rollen som guds barn behöver emellertid inte hos Luther ses som något problematiskt utan kan uppfattas som det viktiga Luthers tankar förde med sig och det som bröt mot en tidigare tradition. Vi kan inte handla oss till en annan position, vi kan bara få den som gåva. Men det Bergman gör med sitt gudstvivel är att peka på människans utsatthet: om det inte finns en gud blir synden inte ett problem hos människan som gud kan rädda oss från genom sin frälsning. Istället består synden som ett problem människor emellan, ett problem, som det verkar, ofta utan lösning. Det här är speciellt fallet om man har att göra med människor oförmögna att agera och bryta med det som varit. Att vara barn eller guds barn erbjuder ingen riktigt lösning hos Bergman utan verkar oftast bara göra människan utsatt när det inte finns eller uppfattas finnas någon som svarar när man ropar. Det finns en del undantag till det här, till exempel Jof vars tro verkligen verkar hjälpa honom. Det viktiga här är emellertid att Jof inte tvivlar utan har en blind tro som samtidigt kopplas till en barnlik oskuld, en tro som emellertid inte verkar öppen för alla eller framställs som tilltalande för alla genom att så tydligt kopplas till ett barnlikt och barnsligt tänkande. Riddaren Block verkar länge vara för upptagen med sitt tvivel för att se lidandet omkring sig.

Det som saknas hos Bergman är den andra, aktiva, sidan av människans relation till gud. Som guds barn intar människan en passiv roll, men som syskon till andra människor och som kallad att sköta om guds skapelse får hon också en aktiv roll.[26] Som medmänniskor har vi möjlighet att aktivt delta i och vårda guds skapelse. Det här är inget vi alltid lyckas med, men möjligheten finns där. Finns den hos Bergman också? Ibland, men inte tydligt och tidvis på ett sätt där den medmänsklige förenklas, försvagas eller tystas ner, alternativt inte finns med. Narrativt är det här kanske förståeligt: vem vill se en film om människor som inte gör annat än behandlar varandra väl? Men frågan är om en mer nyanserad bild hade kunnat ta oss längre. Bergmans bilder kan onekligen tala till en publik även idag, men vad kan andra berättelser tillföra diskussionen och hur kan andra föreställningar om barn, aktörskap och medmänsklighet öppna upp dörrar för dialog?

Barn för idag

Det är inte rättvist mot Bergman att jämföra hans framställningar av barn med framställningar i modern nordisk film, speciellt inte i film gjord för en yngre publik. Med det sagt, tar jag mig ändå den friheten. För även om film som är gjord för barn naturligtvis delvis har en annan prägel än film för en vuxen publik så finns det mycket stark och berörande nordisk barnfilm som inte drar sig för att ta tag i svåra livsfrågor. Som bland andra Ingvild Bjerkeland visat[27] så är svåra teman som död, lidande och utanförskap inte alls ovanliga i nordisk barn- och ungdomsfilm. Högtider som jul eller tidsperioder som sommar fungerar ofta som ramverk för berättelserna, i likhet med delar av *Fanny och Alexander*. Modern nordisk film med fokus på barn kan med andra ord inbjuda till en givande dialog med Bergman både genom att understryka gemensamma föreställningar och tydliggöra alternativa perspektiv.

Den film jag vill ta upp är Klaus Härös *Elina – som om jag inte fanns*, en svensk-finsk produktion från 2003 baserad på en bok av Kerstin Johansson i Backe. Filmen har jag valt för att den har likheter med *Fanny och Alexander* och *Det sjunde inseglet* i hur barnet representeras, men också betydelsefulla skillnader. I likhet med *Fanny och Alexander* har filmen namn på barn i titeln och i likhet med barnen hos Bergman blir barnet eller barnen i *Elina* något som inte verkar passa in i en oförstående, kritisk och självupptagen vuxenvärld. Genom fantasi eller övernaturliga förmågor har barnhuvudkaraktären i *Elina*, precis som i *Det sjunde inseglet* och *Fanny och Alexander*, förmågan att se eller uppleva sådant som andra inte kan uppfatta. I likhet med Alexander uppfattar Elina sin döde fars närvaro. Barnet uppfattas på så sätt som annorlunda och delvis exotiskt, men här tar likheterna slut. För medan Alexander och Fanny kan uppfattas som rätt passiva observatörer av en vuxen värld – en värld i vilken de har få möjligheter att agera – är Elina visserligen underställd den vuxna världens normer, men filmen är hennes berättelse. Filmen är inte en berättelse om hennes familj och kontext, även om de också är betydelsefulla.

Elinas berättelse utspelar sig i Tornedalen på 1950-talet. Efter en längre sjukdomstid har Elina återvänt till skolan där hon möts av en sträng överlärarinna med bestämda tankegångar om vad barn får och inte får göra. Barn får till exempel inte prata finska i skolan, även om det är många av barnens modersmål och det enda språk de kan. Elina försöker hjälpa sina klasskamrater, men hamnar då i konflikt med överlärarinnan. Överlärarinnans metoder är inte lika sadistiska som biskopens i *Fanny och Alexander*, men även hon vill förtrycka barnets fantasi. Hon förlöjligar Elinas konstverk där hon gestaltat sin upplevelse av hur hennes döda pappa har kunnat hjälpa en bonde att rädda en kalv som gått ner sig i ett träsk och gör Elina osynlig, genom att ignorera hennes närvaro, när Elina vägrar lyda. Vuxenvärlden är emellertid inte fullständigt blind för Elinas trångmål. Hennes mamma och en ny yngre lärare försöker medla i konflikten, men Elina behöver inte räddas, hon behöver bli sedd och förstådd. Lösningen blir inte den ena partens undergång, vilket kan uppfattas vara fallet i Alexanders och biskopens konflikt, utan ett verkligt möte mellan de två stridskämparna där de istället för att fortsätta striden får en förståelse för varandra.

I *Elina* blir barnet en aktör vars känslor och tankar är av betydelse och vars syn på livet respekteras. Det betyder inte att Elina framställs som felfri, inte alls. I sin envishet och på basen av sina begränsade erfarenheter tar hon farliga risker. Men hon tillåts lära sig, utvecklas och hitta tillbaka till de sina. *Elina*, och för den delen de flesta av Härös filmer, innefattar delvis en annan människosyn än den Bergman för fram, som enligt min mening är en människosyn som också binds till en annan syn på barnet. Här finns en tro på mänskliga möten av betydelse, en tro på människans förmåga till förändring och att lidande inte behöver gå i arv. Den här synen på människan och barnet är kanske inte mer "sann" eller lättare att relatera till än Bergmans, men den öppnar, som jag ser det, andra dörrar.

Bergman har fortfarande mycket att erbjuda dagens filmtittare. Han är en inspirerande regissör som även med sina barnkaraktärer kan lära oss något väsentligt om vad det är att vara människa. Men jag anser att vi både kan uppskatta Bergman bättre och se hans begränsningar när vi sätter in hans filmer i en kontext och jämför dem med andra berättelser. Härö har ibland, både när det gäller hans teman och hans visuella stil, liknats vid Bergman. Hans filmer visar att många aspekter hos Bergmans filmskapande kan tas tillvara – hans bildspråk, hans förmåga att fånga mellanmänskliga relationer, hans berättarförmåga – men annat kan lämnas bort. Med eller utan en tro på gud kan en tro på människan bestå. I Bergmans filmer förnekas inte det, men många andra filmer fördjupar temat och tillåter genom komplexa barnkaraktärer en annan bild av människan att växa fram. De här bilderna ger en annan tilltro till förändring och möten, en tilltro vi kanske har större behov av idag än Bergmans tvivlande själar.

Noter

1 "Intervjuer kring Bergman" (publicerad 1998-07-14), ur programmet TV-Nytt: https://svenska.yle.fi/artikel/2007/07/31/ingmar-bergman-80-ar (hämtat 2020-10-11).
2 Se t. ex. Singer, 2007.
3 Se t. ex. Cowie, 1982.
4 Frank Gado, 1986.
5 Peter Cowie, 1982.
6 Se t. ex. Koskinen, 1993.
7 Se t. ex. Sjö, 2012.
8 Se t. ex. Nystedt, 1983.
9 Sjö, 2016.
10 Se Holm, 1997.
11 Ortner, 1973.
12 Se t. ex. Singer, 2007, s. 113 f.
13 Jämför Gado, 1986, s. 497.
14 Jämför Lacocque, 2005.
15 Malena Janson, 2007.
16 Janson, 2007.
17 Se t. ex. Rose, 1993.
18 Janson, 2007.
19 Jämför Ortner, 1973.
20 Se t. ex. Buckingham, 2000.
21 Janson, 2007.
22 Koskinen, 2005.
23 Jämför Kolb, 2014.

24   Batka, 2014.
25   Jämför Kolb, 2014.
26   Jämför Kolb, 2009, s. 50.
27   Ingvild Bjerkeland, 2013.

Jan Holmberg

SPÖKEN I
TEATERMASKINERIET

Bergman, Mozart, Bach och Luther

Det obegripliga gör mänskor ursinniga. Därför är det
mycket bättre att skylla på apparaterna och speglarna
och projektionerna.

Aron i *Fanny och Alexander*

När protestanten (nåja) Bergman tar sig an katoliken (nåja) Mozart så
är det via urprotestanten Martin Luther. Jag skall försöka visa hur, och
samtidigt demonstrera varför *Trollflöjten* (1975) är Ingmar Bergmans
kanske mest centrala verk.[1]

I oktober 1791 skriver Wolfgang Amadeus Mozart till sin hustru
Constanze om hur han, i en av de första föreställningarna av *Trollflöjten*,
har skämtat med Emanuel Schikaneder. Denne Schikaneder är idag
mest känd som operans librettist men var också direktör på den teater
för vilken *Trollflöjten* skrevs och uruppfördes. Dessutom, och det är
viktigt här, var Schikaneder den allra första innehavaren av rollen som
fågelfångaren Papageno. Under arian "Ein Mädchen oder Weibchen"
i mitten av andra akten spelar Papageno på sitt magiska klockspel för
att muntra upp sig efter det dystra konstaterandet att han funnit varken
det ena eller andra av det som arians titel åsyftar – varken flicka eller
fru. Även om publiken skall uppfatta det som att Papageno själv
trakterar klockspelet så utgår dess verkliga ljud från ett litet klaver-
instrument (t.ex. en celesta eller spinett) som spelas av en orkestermed-
lem. Oftast från orkesterdiket men som vi skall se uppenbarligen även
från kulisserna. Under föreställningen den 8 oktober 1791 fick Mozart
impulsen att själv spela trudelutten och, som han skriver i brevet till
Constanze, "för skojs skull, och just där Schikaneder hade en paus,
spelade jag ett arpeggio". Han fortsätter:

Han blev alldeles brydd, tittade mot kulisserna och såg mig. När han hade sin nästa paus spelade jag inget arpeggio. Denna gång slutade han och vägrade fortsätta. Jag gissade vad han tänkte och spelade ett ackord. Då slog han på sitt klockspel och sade "håll tyst", varpå alla skrattade. Jag är benägen att tro att detta skämt fick många i publiken att för första gången inse att Papageno inte spelar instrumentet själv.[2]

Förutom att anekdoten tycks bekräfta den populära uppfattningen om Mozart som en barnslig upptågsmakare, så tror jag att den också har andra saker att berätta. Först och främst att *Trollflöjten*, med sina berättarmässiga inkonsekvenser, inte skall uppfattas som ett illusionistiskt teaterstycke: för åtminstone den ena av sina upphovsmän är *Trollflöjten* ett självreflexivt verk för vilket effekter av *Verfremdung* kan bidra till underhållningen.[3] Där diegetiska och utomdiegetiska element kan blandas, till den grad att de upplyser publiken om skillnaden mellan dem.[4] I det ögonblick som Papageno slutar spela sitt instrument (eller slutar att låtsas spela), slutar han också spela som aktör: Papageno, rollgestalten och operans *comic relief*, blir Schikaneder, direktören, regissören och skådespelaren. Men trots alla dessa fina titlar förlorar han för ett ögonblick regissörens kontroll och reduceras till driftkucku – en situation Papageno själv skulle känna igen sig i. Anekdoten där Mozart chikanerar Schikaneder antyder därför också en maktkamp om upphovsrätten mellan operans librettist och kompositör.

Så sett är Mozarts skämt på Schikaneders bekostnad ett förebud om vad som komma skall. För även om den första affischen för *Trollflöjten* kallar den för "Eine große Opera in 2 Akten, von Emanuel Schikaneder" (med Mozarts namn längre ned och med mindre bokstäver), så skulle dessa roller senare kastas om, till den grad att *Trollflöjten* i århundraden har hyllats som ett av Mozarts mästerverk, och inte på grund av Schikaneders inblandning utan trots den.[5] Men förutom dessa två så finns ytterligare en upphovsman till *Trollflöjten*. Eller man och man – snarare en maskin.

Flöjturets betydelse

Men innan vi går in på maskineriet i Trollflöjten en kort avvikelse till en annan Mozartkomposition: *Fantasia i f-moll* (K. 608), som skrevs några månader innan arbetet började med den betydligt mer kända operan. Trots att stycket, liksom *Trollflöjten* och hans ofullbordade *Requiem* är skrivet under Mozarts sista levnadsår, är f-moll-fantasin i det närmaste bortglömd – eller i vart fall avvisad som ett verk av ringa betydelse. Som en typisk kritisk kommentar uttrycker det: "Vi hoppar över de många mindre uppdragen under 1791... Inget av dem är väsentligen vad han ville göra och borde ha gjort."[6]

Anledningen till denna avfärdande attityd är att stycket är omänskligt. Jag menar bokstavligen, eftersom kompositionen som Mozart själv beskriver den i sin *Verzeichnüss aller meiner Werke* är "Ein Orgelstück für eine Uhr" (ett orgelstycke för en klocka). Som beskrivningen antyder är stycket inte tänkt att framföras av en mänsklig instrumentalist, utan av en själlös mekanisk automat. Det handlar om det automatiska orgelinstrumentet *flöjtur* som var så

Flöjtur var populära under 1700-talet och spelade olika melodier för skilda sammanhang. Detta exemplar finns hos Vitterhetsakademien i Stockholm.

populärt bland den europeiska överklassen under 1700-talet att efterfrågan på musik det kunde framföra var stor nog för Mozart att skriva flera flöjtursstycken. C.P.E. Bach, Beethoven, Haydn och Händel skrev alla musik för flöjtur.[7] Instrumentet varierade i storlek från små bordsklockor till stora golvur, med det gemensamt att ett urverk driver en bälg och en stiftvals på vilken musiken är programmerad och som ljuder genom att bälgen blåser i ett antal luftventiler. Antalet ventiler avgör förstås musikens tonomfång, och beror på stiftvalsens omfång som i sin tur beror på urets storlek. I ett par av de få golvur som fortfarande går att lyssna till i Sverige (bägge byggda av Pehr Strand på 1790-talet) räcker valsarna till några minuters musik.[8]

Om man följer partiturets tempobeteckningar omfattar Mozarts *Fantasia* gott och väl tio minuter. Med tanke på instrumentets begränsningar är musiken komplex. Den är noterad på tre diskantklaver och en basklav för ett instrument med två register, en flöjtstämma och en basun, som omfattar tre oktaver och är skrivet symmetriskt med två allegro-satser i f-moll som ramar in ett adagio i a-dur. Med andra ord: det instrument för vilket stycket är skrivet måste ha varit ganska rejält. Vilket det var! På ett sätt som antagligen, paradoxalt nog, har bidragit till nedvärderingen av Mozarts *Fantasia* i f-moll. År 1790 hade fältmarskalk Gideon Ernst von Laudon dött, superstjärnan och krigshjälten i Österrikes tronföljdskrig och senast i kriget mot turkarna. Hur hedra en sådan man? Ja, i Wien 1790 kunde det exempelvis gå till så att ett vaxkabinett inrättade ett fejkat mausoleum, med en vaxfigur föreställande von Laudon på *lit de parade*. Som en samtida annons visar, var mausoleet utformat som ett klassiskt tempel. Och apterat med ett flöjtur. Varje timme på slaget tolv framförde automaten begravningsmusik, som byttes ut varje vecka: "Denna vecka", står det i en notis den 26 mars 1791, "är kompositionen skriven av Herr Kapellmeister Mozart."[9]

Om detta slags sorgeakt kan verka som kitsch för dagens känsliga publik, så kan det dock noteras att samtida åskådare skall ha funnit denna multimediaföreställning förbehållslöst gripande. Och ett par decennier senare drog sig inte Mozarts elev Ignaz von Seyfried för att i sin beskrivning av f-moll-fantasin ta till de riktigt stora orden: "Tusen olika känslor" väcks av det "fruktansvärda" allegrot, menade han, efter vilket åhöraren chockeras av den våldsamma övergången till f-moll och känner marken gunga under sig. "Först mot slutet blir det lugnt. Kraften är uttömd, den mänskliga naturen har dött och anden flyr kroppen."[10]

Det är uppenbart att von Seyfrieds bedömning har tagit visst intryck av att musiken skrevs av en döende människa. Patetiken är förståelig, däremot inte riktigt den sista meningen, men gissningsvis menar von Seyfried att f-moll-fantasin kongenialt beskriver sin kompositörs nära förestående hädanfärd: när själen lämnade Mozarts kropp tycks den ha ersatts av en maskin. Om det tidiga 1800-talet kunde uppskatta sådana icke-mänskliga, rentav maskinmässiga kulturyttringar har stycket sedan dess alltså avfärdats i Mozartlitteraturen, skrivet som det är för en själlös mekanism. Om det nu efter att ha legat i glömska i 200 år på nytt kan börja uppskattas, så är det först efter Andy Warhols uttalande om att han ville vara en maskin. Men nu är det förstås försent, eftersom inga flöjtur, åtminstone inte av det format som här krävs, finns kvar. Således kan vi inte höra några "korrekta" framföranden av stycket (de få inspelningar som finns framförs fyrhändigt på orgel). Musiken är omänsklig och enligt musikvetaren Annette Richards "omöjlig för en ensam organist att spela såsom noterad. Dess övermänskliga virtuositet är maskinens ..." I sin analys av kompositionen beskriver Richards den nästan smärtsamma övergången i det första allegrot i f-moll till a-dur, och den invecklade passagen tillbaka till f-moll, under vilken musiken verkar förlora all klassicistisk stabilitet och blir disharmonisk, kaotisk, "modernistisk". Som Richards skriver: "Det är som att den kontrapunktiska ordningen har destabiliserats och *mekanismen själv har tagit över*, ursinnigt fräsande ur sig kontrapunkt ända tills de kretsande kugghjulen har snurrat bortom all kontroll."[11]

Dessa kugghjul vrider oss äntligen tillbaka till *Trollflöjten*, som titeln till trots har mindre med trolleri att göra än med mekanik. När Papagenos automatiska klockspel ljuder för första gången i operan lyder texten (i Alf Henrikssons och Ingmar Bergmans inte helt texttrogna översättning): "Det låter så vackert, / Det låter så bra! / Det här är den bästa musik man kan ha!" Att den bästa musik man kan ha är icke-mänsklig, utan skriven för och framförd av en *maskin*, kan vara värt att fundera litet på i sammanhanget. Och gör man det, inser man att Mozarts andra slags klockmusik från samma tid kanske förtjänar större uppmärksamhet.

Ingmar Bergman kallade *Trollflöjten* för sin följeslagare genom livet,[12] och på goda grunder: där ryms nämligen hela hans poetik. Bergmans huvudsakliga tematik kan sammanfattas i dessa tre: 1. Konst och konstnärer; 2. Tro och otro; 3. Familjeförhållanden. De är alla i rikligt mått representerade i *Trollflöjten*:

1. Konst och konstnärskap. Ett favoritämne för Bergman, vars filmer befolkas av konstnärer (skådespelare, musiker, målare, författare, dansare, trollkonstnärer, cirkusartister...). Och konst finns det gott om i *Trollflöjten*. Mozarts musik kunde förstås räcka som exempel, men också bildkonsten är representerad, genom den medaljong som Tamino får med Paminas porträtt och inför vilken han framför "En bild av skönhet och behag." Det är inte i den verkliga Pamina, utan i *bilden* av henne, som Tamino blir förälskad. Också skriftkonsten har en viktig roll i *Trollflöjten*, men den väntar vi litet med.

2. Tro och otro. Bergmans förhållande till religion är komplicerat. Å ena sidan Guds tystnad, "en tom och grym himmel" – och allt det där. Å andra sidan en utpräglat religiös syn på tillvaron, som ibland liknar en naiv barnatro. "Det heliga i mänskan" är en återkommande formulering hos Bergman, typisk i sin motsägelsefullhet: ansvaret förläggs inte hos Gud utan hos människan, som dock är helig, det vill säga förbunden med Gud...? Liknande ambivalenser finns i Mozarts och Schikaneders *Trollflöjten*, som vacklar mellan upplysningsideal och frimureri, mellan fria skogar och heliga tempel.

3. Familjeförhållanden. Nattens drottning är mor till Pamina och ingen mönstermamma precis: lika självupptagen som Charlotte i *Höstsonaten* och lika förbittrad som Karin i *Viskningar och rop.* Denna redan dysfunktionella familj komplicerar Bergman ytterligare i sin version. Genom att helt sonika göra Sarastro till Paminas far och exmake till Nattens drottning blir hans variant av *Trollflöjten* också till *Scener ur ett äktenskap.*

Dessa tre teman hos Bergman (och i *Trollflöjten*) är likväl underordnade det stora bergmanska temat för vilket alla tre är olika representationer: problemen med kommunikation. Konstnären som inte når sin publik; guden som tiger; den frånvarande föräldern: alla dessa bergmansituationer handlar ytterst om den fasansfulla men grundläggande mänskliga erfarenheten av att inte förstå, inte göra sig förstådd, inte nå fram. Detta grundackord i Bergmans verk är också ämnet för *Trollflöjten*. Munlåset som Papageno får av de tre damerna är ett uppenbart komiskt exempel; Taminos påtvingade tystnad inför den förtvivlade Pamina är ett tragiskt. I sin kommentar till scenen skriver Bergman: "Scenen äger drömmens grymhet och självklarhet. Den refererar till sagorna i oändliga led bakåt genom tiderna. Det är en elementär och alldeles tydlig situation: Jag talar till den älskade, som inte hör mig, som är bortvänd. Jag vädjar, min förtvivlan och fasa ökar, men ingen bön, ingen vädjan hjälper."[13] Om det var från *Trollflöjten*, från Jobs bok ("Jag ropar till dig, men du svarar mig icke") eller från egna erfarenheter som Bergman undfick det hela är väl oklart, men situationen där en person försöker nå fram till en annan eller till Gud är inte bara återkommande tema utan helt grundläggande hos Bergman. Riddaren i *Det sjunde inseglet*: "Jag vill att gud räcker mig sin hand, avtäcker sitt ansikte, talar till mig."[14] Alma till Elisabet i *Persona*: "Du tiger och det är ju strängt taget din sak. Men nu behöver jag, att du talar till mig."[15]

Teknologi och mediering som verktyg för skapande

Hos Bergman betonas ofta kommunikationsproblematiken genom varianter på ett ställe i Första Korintierbrevet: "Nu se vi ju på ett dunkelt sätt, såsom i en spegel, men då skola vi se ansikte mot ansikte." Kommunikationen sker alltså inte direkt, utan är medierad på något sätt. Hos Paulus är det en spegel, något som Bergman också ofta använder sig av. När Isak i *Smultronstället* ser sig själv i spegeln, till exempel, men också genom andra slags ombud, som brev eller dagböcker, där språket står i vägen för en verklig gemenskap. Kontakten är förmedlad, villkorad; aldrig omedelbar och villkorslös. Också i *Trollflöjten* finns liknande reläer för informationsöverföring, såsom den tidigare nämnda medaljongen och de tre gossarna, som först är språkrör för Nattens drottning.

Men både hos Bergman och i *Trollflöjten* finns ett sätt att åtminstone momentant överbrygga kommunikationssvårigheter: genom musik. I *Tystnaden* är alla främlingar för varandra, ingen förstår den andre. Men vid ett tillfälle bryts tystnaden, förmedlas ett ögonblick av verklig kontakt mellan två människor. Det är när radion spelar den tjugofemte Goldbergvariationen. Bergmans syn på musiken är, medvetet eller ej, ett av många sätt på vilket Martin Luthers tänkande har påverkat honom. För Luther var musiken *prima materia*, en ursprunglig komponent i skapelsen snarare än ett mänskligt påfund.[16] Också i *Trollflöjten* är det med musik som avstånd övervinns. Och även om tvivel kan uppstå ("Sköna flöjt, din drill upplåter ett paradis på jorden! Men min Pamina hör dig ej!"), så är det musiken från trollflöjt och klockspel som räddar hjältarna undan faror och kommer dem till hjälp under prövningar.

Det finns nästan alltid hos Bergman *Verfremdung*-effekter. Men där många andra modernistiska filmskapare betonar sådana tillfällen (som när Godard låter en rollfigur tala direkt till publiken eller Fassbinder använder uppenbara kulisser), så smyger Bergman med sina varianter. Snarare än att adressera kameran direkt så sneglar hans gestalter in i den då och då.

I *Trollflöjten* ger han emellertid dessa tendenser fritt spelrum. Papageno introduceras inte som sig själv utan som sin uttolkare Håkan Hagegård som väcks i sin loge; Nattens drottning står i kulisserna och röker, en av de tre gossarna sitter och läser en Kalle Anka-tidning, etc. I sin kommentar skriver Bergman mycket riktigt: "Det förekommer åtskilliga gånger under spelet att en eller flera personer vänder sig direkt till publiken och avlevererar en större eller mindre moralkaka. Vi bör notera dessa ställen, det är sjuttonhundratals-teaterns 'Verfremdung', och vi bör kanske också förtydliga dem genom att ge publiken texten, eftersom den ofta kan bli lite svår att uppfatta, då den sjungs."[17] Sättet han löste detta på var genom, som i duetten mellan Papageno och Tamina i första akten ("När kärleken vaknar till en kvinna"), att inte bara låta dem titta rakt in i kameran utan också ha textskyltar som de visar upp för publiken medan de sjunger.

Apropå reläer och olika slags förmedlingar, så tar Bergman vidare fasta på hur *Trollflöjten* är konceptualiserad *teknologiskt*. Som han for-

mulerar det när han i sin kommentar till operan fantiserar om dess
ursprung:

> Direktör Schikaneder ägde en teater, som enligt tidens sed
> var byggd i trä med avsevärt scendjup, lutande golv, skjutbara
> sidokulisser, höj- och sänkbara fonder, falluckor, ett svallande
> hav, anordningar för effektfulla eldsvådor, ramper med
> solljus och rovoljelampor, hissanordningar för gudarnas
> sändebud eller andra celesta framträdanden. Detta var alltså
> en lokalitet med avsevärd suggestionskraft och utomordentligt
> publiktycke. För denna underbara trollerilåda skrev direktören
> sitt sångspel i gott medvetande om sin teaters resurser, både
> på det tekniska och mänskliga planet.
> På vinden har han sitt dräktförråd. Där hänger en vacker
> japansk jaktkostym, som inte varit med på några år, den
> kommer nu till användning. Den blir utmärkt för Papageno
> i första akten. I sin trupp har han en sångerska med en
> onaturligt märkvärdig koleratur [sic], hon får göra Nattens
> Drottning.
> På så sätt är och förblir Trollflöjten lokaliserad i den
> intima sjuttonhundratalsteatern, där har den sina rötter men
> också sin växtkraft, där och bara där kan den blomma som
> vackrast.[18]

En sådan intim sjuttonhundratalsteater fanns på nära håll i form av
Drottningholms slottsteater, en fullvärdig motsvarighet till Schikane-
ders Theater auf der Wieden. "Jag har i min föreställning alltid sett
Trollflöjten innesluten i det där gamla teaterhuset, i den fina akustiska
trälådan med sitt milt sluttande scengolv, sina fonder och sidostycken.
Här finns illusionsteaterns ädla magi. Ingenting är, allting föreställer."[19]
Eftersom den unika teatern var för bräcklig för att ta emot en filmin-
spelning (och verkligen inte skulle ha accepterat några brinnande hjäl-
mar), byggdes en kopia av Drottningholmsteatern upp i Filmhusets
ateljéer. Vilket förstås är som det skall vara i ett sammanhang där all-
ting föreställer, ingenting är. Om också kopior, så använder Bergman
Drottningholmsteaterns hela arsenal av barocka teatertrick – vindma-

skin, molnchar, åskmaskin. Det är dessa slags apparaturer som Bergman så gärna kallar för magi, illusion, etc., trots att de inte är ett dugg magiska utan resultatet av mekanisk ingenjörskonst: det är maskinerna som gör *Trollflöjten*. Och det är detta som är min poäng. Bergman är en av de där upphovsmännen som alltför ofta betraktas i konstnärlig isolering, som vore han oberoende av det medium han arbetar i. Inte minst av honom själv. Texterna i den sena samlingsvolymen *Femte akten* påstår han vara "skrivna utan tanke på eventuellt medium vid ett framförande ungefär som cembalosonater av Bach (utan jämförelser i övrigt)."[20] Och det är ungefär så det brukar låta, Bergman uppfattas inte som en modernist som i Brechts anda *visar upp* det maskineri med vilket verket har framställts och framförts. Fast det är ju det han gör. Som sagt är han inte alls främmande för *Verfremdung* – tvärtom. *Trollflöjten* är redan hos Mozart/Schikaneder högteknologisk – hos Bergman blir den, i mötet mellan uråldrigt teatermaskineri och toppmodern televisionsapparatur, det fulländade exemplet på en bortträngd teknikentusiasm. Framför allt visar den hur tekniken föregår estetiken, till och med för Bergman.

En sista aspekt på medialiteten i *Trollflöjten* har mindre att göra med automatiserade medier än med det betydligt äldre skriftmediet. I en scen låter Bergman Sarastro väsa ursinnigt att Nattens Drottning vill förstöra "visdomens heliga skrifter" (emedan originalet enbart talar om att "förstöra vårt tempel"). Att förstöra dessa skrifter är emellertid inte så lätt, eftersom de som så många andra i samma genre är huggna i sten.

> Den som mot ljuset går vår svåra väg ur natten
> görs ren av luft och jord och eld och vatten.
> När sinnet härdats och är starkt och fast som stål
> står vägen öppen mot ett högre mål.
> Hans blick som dittills varit skymd och skum
> skall skåda livets mening och mysterium.

Detta är den koral som sjungs av Väktarna med De Brinnande Hjälmarna. De sista tre raderna i Schikaneders libretto skulle i direkt översättning lyda "upplyst, vore han då i stånd att helt ägna sig åt Isis mysterium", något som stämmer väl överens med såväl 1790-talets upplysningstankar liksom, genom referensen till Isis, det frimureri som bägge upphovsmännen försvurit sig till. Bergman, däremot, skruvar till berättelsen så att den passar hans egna syften och om det där med en blick "som dittills varit skum" men "skall skåda livets mening och mysterium" låter bekant, så är det förstås för att det är ännu en av dessa referenser till 1 Kor 13:12 som vi redan har varit inne på, en hänvisning som hos Bergman är allra mest uppenbar i titeln på hans film från 1961 (*Såsom i en spegel*) och den tv-serie han arbetade på parallellt med *Trollflöjten* (*Ansikte mot ansikte*, 1976). Som så ofta annars hos Bergman är självreferenserna legio i *Trollflöjten* och bildar en spegelsal av intertextuella förbindelser. Men det finns mer här. Den musik som bär texten är, som många av *Trollflöjtens* uttolkare har noterat, inspirerad av en Bachkantat, närmare bestämt *Ach Gott, vom Himmel sieh darein* (BWV2). Detta tilltag var förmodligen stötande för den samtida publiken i det katolska Österrike: att citera musik gjord för protestantiska gudstjänster. Inte minst som texten i Bach-kantaten bygger på en koral av Martin Luther själv.

Bergmans av-katolicering av verket

För Bergman, nästan två hundra år senare, kunde det däremot inte vara bättre. I sin version av *Trollflöjten* gör han nämligen sitt bästa för att avkatolicera Mozarts musik. Till att börja med i sitt val av dirigent. Eric Ericson var svårövertalad har Bergman sagt,[21] men han nämner inte varför. Jag vet åtminstone en anledning: Ericson var inte vidare förtjust i Mozart.[22] Hans musikaliska intressen och repertoar var präglade av uppväxten i metodistkyrkan, av hans tid i Visby domkyrkas gosskör, av hans utbildning på Schola Cantorum Basiliensis – kort sagt, präglade av en luthersk tradition med särskild inriktning på tidig musik. Och mycket riktigt, i Ericsons händer låter Mozart nästan som Bach. Ingenstans är det så tydligt som i den nyssnämnda koralen "Den som mot ljuset går". I *Laterna magica* berättar Bergman om hur han långt innan sin iscensättning hade diskuterat *Trollflöjten* med sin dåvarande hustru Käbi Lareteis pianolärare: "Hon påpekade det märkliga i att katoliken Mozart valt en Bachinspirerad koral till sitt och Schikaneders budskap. Hon visade i noterna och sa: Det här måste vara kölen i båten. Det är svårt att styra *Trollflöjten*. Utan köl går det inte alls. Bachkoralen är kölen."[23] I tv-filmen *Tystnad! Tagning! Trollflöjten!* har Katinka Faragó och Måns Reuterswärd dokumenterat arbetet med *Trollflöjten*, och vi får följa processen från provspelning och kollationering till inspelning. När det är dags för koralen instruerar Bergman sångare och musiker: "Kan vi göra den med en *fruktansvärd* kärvhet?" Den skall vara *som skuren i trä*, fortsätter han, och "så okatolsk så att man blir alldeles matt egentligen". Med hjälp av sina musiker reformerar Bergman Mozart, via den äldre kollegan Bach och den ännu äldre Luther: "Den får inte vara elegant ett enda jävla dugg, alltså. Eller mozartsk." Jag är inte musikvetare och saknar terminologin för att beskriva Ericsons/Bergmans uttolkning av "Den som mot ljuset går", men tempot är avgjort långsammare än i de flesta andra inspelningar jag har lyssnat på, och framför allt håller Ericson sångarnas och musikernas toner korta, de klipps liksom av. Också de tolkningar som mest liknar Ericsons (t.ex. Otto Klemperer och Arnold Östman) är, med Bergmans ord, jämförelsevis "eleganta". Kanske mer katolska?

Åt Gud allena äran

Koralens text, alltså den som ursprungligen författats av Martin Luther, syns i *Trollflöjten* som en stentavla ovanför en grottmynning och beskrivs av Bergman som "en halvt förvittrad men hemlighetsfull självlysande text".[24] Det låter som att han här inte bara syftar på den aktuella skriften. Ingmar Bergman återkommer ofta till hur han avundas musiker deras noter. "Jag har ofta efterlyst en sorts notskrift", skriver han 1959, "som skulle ge mig en chans att översätta visionens alla dagrar och toner".[25] Nästan tjugo år senare är efterlysningen ännu aktuell: "Det är nästan hopplöst att transformera kinematografi i ord. Det blir otydligt, mångtydigt, svårtydbart. Egentligen borde man uppfinna en sorts notskrift."[26] Vad Bergman är ute efter är en direktkontakt mellan skapare och uttolkare, något som noter sköter bättre än alfabetet.

Jag tror att detta i sig är en anledning till att Bergman oftast skriver manuskripten till sina filmer själv. När han själv är både författare och regissör måste åtminstone interpretationen av vad upphovsmannen är ute efter vara något enklare. Men på teatern är det svårare. Stämmer tempot, dynamiken och allt annat med vad som står skrivet? Och det är inte bara på teatern problemen finns. Om allting föreställer och ingenting är, så följer väl att hela tillvaron är ett skådespel att iscensätta. Och mycket riktigt, i *Den goda viljan* heter det:

> Försök förstå att Gud är en del av sin skapelse, liksom Bach
> lever i sin h-mollmässa. Du tolkar en notskrift. Ibland är
> den gåtfull, det är oundvikligt. Då du låter musiken ljuda
> – då uppenbarar du Bach. Läs noterna! Och spela dem
> efter förmåga. Men tvivla inte på Bachs och Skaparens
> befintlighet.[27]

Närmare än så kommer väl inte Bergman en trosbekännelse, men det är nära nog. Det är i detta perspektiv jag tror att vi skall se det där med "en halvt förvittrad men hemlighetsfull självlysande text". Skriften är för Bergman så mycket mer än bara *en* skrift, en skrift vilken som helst. Han syftar nog visserligen på den aktuella texten, den som härstammar från Martin Luther, men lika gärna på livets skrift, som kan vara nog så förvittrad. När Bergman därför, à la Bach, undertecknar sitt manuskript till *Nattvardsgästerna* med S.D.G. – *Soli Deo gloria* ("åt Gud allena äran") – så menar han nog allvar. Skriften, skapelsen, är resultatet av en *deus ex machina*. Och den som vill se detta slags maskineri i arbete, rekommenderas att se Bergmans *Trollflöjten*.

Noter

1   På den konferens där bidragen i denna antologi först pre-
    senterades talade jag om Bergman som författare – stoff som
    publicerats på annat håll. Jag vill tacka bokens redaktörer för
    möjligheten att här få presentera annat material. Varmt tack

också till Mattias Lundberg som till skillnad från mig är riktig musikvetare, och därför har kunnat rädda texten från en del pinsamheter.

2   Emily Anderson, s. 969.

3   Verfremdung ("främmandegörande") är ett begrepp som efter Bertold Brecht används för tillfällen i en dramatisk framställning där åskådaren görs medveten om att hon tar del av en fiktion – till exempel genom att en skådespelare för ett ögonblick kliver ur sin roll och vänder sig till publiken som "sig själv".

4   Diegetiskt ljud härrör från någon ljudkälla i fiktionens värld ("diegesen") – exempelvis från ett instrument som spelas av en rollgestalt. Utomdiegetisk musik är således motsatsen, till exempel orkestermusik vi hör under en filmscen som utspelas i en liten båt på havet. Begreppen diegetiskt–utomdiegetiskt används oftast i just filmsammanhang; för opera, där all musik är både/och, är de knappast lika tillämpliga.

5   "Schikaneder's libretto has been the target of scathing attacks for its seemingly chaotic nature. An analysis of the charges brought against 'Mozart's' opera, in fact, shows that an inverse relationship exists between attitudes held about the libretto and score. As Schikaneder's libretto has been despised, the accolades for Mozart's music – allegedly transcending the ridiculous libretto with a sublime score – have increased." Ellen J. Burns, s. 187.

6   H. C. Robbins Landon, s. 40. Jfr. även Simon P. Keefe som på sina sexhundra sidor om Mozarts sista decennium inte ens nämner stycket.

7   Neal Zaslaw, "Mechanical Instruments, Music for", i Cliff Eisen och Simon P. Keefe (red.), *The Cambridge Mozart Encyclopedia*, s. 281-284.

8   Det ena nämnda flöjturet finns på Stiftelsen musikkulturens främjande/Nydahls samling i Stockholm, det andra på Vitterhetsakademien. I det senare har valsmekaniken nyligen återskapats i ett samarbetsprojekt mellan organologer och hantverkare.

9   Citerad efter Annette Richards, s. 385.

10 Ignaz von Seyfried, brev 18 januari 1813, citerad efter Neal
    Zaslaw, 2000, s. 328-329.
11 Annette Richards, s. 375 (min kursivering).
12 Ingmar Bergman, 1990, s. 351.
13 Ingmar Bergman, 1975, s. 50.
14 Ingmar Bergman, [1957] 2018 c, s. 24.
15 Ingmar Bergman, [1966] 2018 b, s. 46.
16 Se Mattias Lundberg, s. 27 f.
17 Ingmar Bergman, 1975, s. 21.
18 Ingmar Bergman, 1975, s. 15.
19 Ingmar Bergman, 1990, s. 353.
20 Ingmar Bergman, 1994, s. 14.
21 Ingmar Bergman, 1990, s. 355-356.
22 Det är Eric Ericsons son Staffan Ericson som har berättat för
    mig att hans far var skeptisk till uppdraget eftersom han var en
    "Bach-kille".
23 Ingmar Bergman, [1987] 2018 a, s. 211.
24 Ingmar Bergman, 1975, s. 46.
25 Ingmar Bergman, [1959] 2018 a, s. 64.
26 Ingmar Bergman, "Förord till Kärlek utan älskare" [1978],
    i op. cit., s. 204.
27 Ingmar Bergman, 1991, s. 165.

Mattias Lundberg

LAURINUS PSALM
"I HIMMELEN"
I TRE BERGMANFILMER

Två av de personer som utgör allitterationen i "reformatorn, rektorn och regissören" är centrala för temat i denna volym: reformatorn Martin Luther (1483–1546) och regissören Ingmar Bergman (1918–2007). Mellan dessa två figurerar en idag möjligen mindre bekant person, nämligen den Wittenbergskolade rektorn för Söderköpings skola och kyrkoherden i Häradshammar, Laurentius Laurinus (1573–1655). Denne visar sig i ett speciellt hänseende vara central i kopplingen mellan Luther och Bergman genom sin psalm "I himmelen" från cirka 1620, vilken figurerar i tre av Bergmans filmer. Psalmen har varit en av den svenska lutherdomens mest långlivade och vitt spridda kulturyttringar. Den spelar en betydande roll i *Sommarnattens leende* (1955), *Jungfrukällan* (1960) samt i *Nattvardsgästerna* (1963).

Om en hymnologisk tolkning av filmerna i fråga får anses belysande, så visar detta kapitel också på värdet av att Bergman studeras historiskt, alltså med avseende på samtida faktorer och konkreta belägg för olika kulturyttringar (i detta fall kyrkomusikens och liturgins betydelse för kultur och samhälle vid mitten av nittonhundratalet). Det tycks som att Bergman här, som även i så många av sina senare filmer, förutsätter kunskaper och associationer hos tittarna, som vi också kan belägga från annat håll i kultur- och kyrkodebatter precis vid tidpunkten i fråga. Detta betyder inte att regissörens intentioner i sig är avgörande, eller att sentida tolkningar står och faller med sådana eventuella intentioner. Däremot är det avgörande att det som utgjorde given kulturell förförståelse vid tidpunkten sedan dess har blivit obskyra specialkunskaper, och lär bli så i ännu högre grad i framtiden. Av detta skäl får det anses angeläget att dra fram de faktorer i ljuset som förankrar filmerna i konkreta och specifika musikaliska och litterära kontexter vid tidpunkten för deras tillkomst.

Laurinus-psalmens ställning i svensk kulturhistoria

"I himmelen" har haft en avgörande verkningshistoria i svenska samhället, länge präglat av ett enhetligt lutherskt kyrko-, skol- och gudstjänstliv. Den har haft en central plats i de stora stadfästa psalm- och koralböckerna sedan stormaktstiden: 1695 (med koralbok 1697), 1819 (koralbok 1820–21), 1937 (koralbok 1939), samt 1986 (koralbok 1987). Psalmens tidiga historia vittnar om en explosionsartad nydiktning inom den modell som Laurinus själv etablerade med sina ursprungliga verser. Den kom så småningom att utgöra närmast en genre i sig med ett antal sammanhållande faktorer. Sången trycktes tillsammans med likpredikan över Laurinus hustru Margareta Larsdotter Laurinae (1570–1620) av Isac Erici 1622.[1] De fem verser som ingår i trycket har i en handskrift från 1651 sedan utökats till arton och fler verser fortsatte att tillkomma under århundraden framåt. En förklaring till psalmens gallopperande popularitet torde vara att den upptar ett tema som annars inte är vanligt i stormaktstidens psalmdiktning, nämligen hoppet om återförening med de redan döda. Det är naturligtvis en tanke med stor existentiell sprängkraft i tider av mycken död, sjukdom, olycka och krig. Temat kopplas på ett originellt sätt till Jesajas uppenbarelse med änglarna i templet: mässans trefaldiga "Helig" som stora delar av befolkningen upplevde varje söndag och helgdag i mässan. Denna syn på återseende av de hädangångna ansågs av allt att döma rent läromässigt under sextonhundratalet sakna bibliskt stöd, men "I himmelen" erbjöd alltså fritt utlopp för denna pastoralt och psykologiskt tilltalande tanke.[2] Studerar man alla de verser som kommit och gått i psalmens historia, i ett växande antal tryck och handskrifter, kan man se just uppenbarelsen av himmelen i dödsögonblicket samt återseendet av de hädangångna som förenande och bärande teman med starkt genomslag. Detta kopplas i sin tur i många versvarianter till tanken på "tron allena" ("sola fide"), vilket under stormaktstiden var en

etablerad teologisk självbild i den svenska lutherska identiteten.
I 1695 års psalmbok kopplar Jesper Swedberg (1653–1735) sam-
man dessa teman i följande vers:

> Stor härlighet och lust är till när Herren Sebaot / väl allom
> han dem giva vill och mycket mera gott //: allenast tron den
> tager an :// när [nära] Herran Sebaot.[3]

Detta kombinerade topos – uppenbarelsen av himmelriket genom tron
allena följt av återförening med de döda – har visat sig ha förmåga att
sippra in i väldigt olika och skilda andliga kulturer och tendenser sedan
psalmens tillkomst. Så återfinns den också till exempel i det pietistiska
trycket *Mose och lambsens wisor*, där det annars handlar om en typiskt
innerlig pietistisk "vänskap" med den historiske Jesus: Den första upp-
lagan av denna kom 1717, senare trycktes en lång rad nya upplagor
under 17- och 1800-talets väckelser.

> Låt oss vår syn upplyfta ifrån förgängligt allt / och blott
> med trone syfta på dig och vad du talt //: ty Jesus helt allena
> skall:// mig trösta över all.[4]

I både 1819 och 1937 års versioner, som Bergman var väl bekant med,
återfinns dessa teman i de två inramande verserna, först och sist i psal-
men:

> I himmelen, I himmelen där Herren Gud själv bor / hur
> härlig bliver sällheten hur outsägligt stor / där ansikte mot
> ansikte / jag evigt, evigt Gud får se / se Herren Sebaot. (v. 1)
> O Fader, Son och Ande, dig ske evigt lov och pris / ack,
> öppna ock en gång för mig din himmels paradis / ja när jag
> fast i trone står / jag av din hand min krona får / O Herre
> Sebaot. (v. 7)

Så långt det lilla "universum" en sådan psalm kan innebära, trots att
den genomgått stilistiska och tidsspecifika förvandlingar i mer ytliga
avseenden. Men det som sker i kyrkan får under tidigmodern tid efter-

"I himmelen, i himmelen, där Herren Gud själv bor". Desirée Armfeldt (Eva Dahlbeck) avbryts i sin sång av psalmen från cirka 1620. Psalmen var en av Ingmar Bergmans favoriter.

verkningar i samhället i stort. Ett exempel på psalmens vidare kulturella genomslag är trollformler, såsom denna från sent 1800-tal:

> Mot rosfeber läses: "I himmelen, I himmelen, I himmelen där äro fåglar tre / den första heter svaneflod [etc...]."[5]

Sådana etnografiska belägg bekräftar bilden av en folklig reception av denna portalpsalm, oavsett om trolldomsversen lästes eller sjöngs.

Bergman refererar i flera filmer till psalmer, i exempelvis *Nattvardsgästerna* och har själv sagt i intervjuer att han kan vissa psalmer utantill. Han har vittnat om hur han memorerat och kontemplerat över enskilda formuleringar. De psalmer som gällde för den unge Bergman var hämtade ur 1819 års psalmbok som användes då han konfirmerades av sin far. Det är med tanke på Bergmans psalmintresse inte förvånande att han alluderar till "I himmelen" i flera filmer. Vid mitten av nittonhundratalet gick en stor del av befolkningen regelbundet i gudstjänst, och psalmboken inpräntades i alla som anträdde folkskolan och uppåt. Det som däremot eventuellt kan noteras som exceptionellt är att jämte den bredare spridningen av 1819 och 1937 års versioner av psalmen, var även dess kultur- och tillkomsthistoria i mångas blickfång vid den tidpunkt då Bergman arbetade med *Sommarnattens leende*, den första av hans filmer där melodin förekommer. I den vitt spridda *Läsning för svenska folket* som bland annat användes i folkskolan och som diskuterades i folkbildnings- och skolsammanhang samt på pressens kultursidor, finns historien om hur Laurinus diktat med både Gud och den avlidna hustrun som adressater.[6] Här kallas sången "en av de skönaste sångerna i vår psalmbok" och det konstateras att den "kanske... verkar ännu mera gripande, då man vet, att den är uttryck för diktarens egen sorg vid förlusten av en älskad maka. ... Vid många bårar har denna psalm fått skänka tröst, i det den riktat blicken från förgänglighetens tårevärld till härlighetens solbelysta land."[7] Den var en självklar psalm i allhelgonahelgens minnesgudstjänster, som vid denna tidpunkt hade blivit populära, och var också en av de populäraste begravningspsalmerna (i anslutning till temat att återse de man förlorat).

Rune Lindström och Himlaspelet

Till förhistorien till de tre filmer som diskuteras här hör att Bergman inte var först med att alludera till "I himmelen" från teaterscenen eller filmduken. Det förefaller av skäl som visas nedan troligt att Bergman har tagit untryck av hur Laurinus-psalmen använts i *Ett spel om en väg som till himla bär: Sex dalmålningar*, det så kallade *Himlaspelet*, skrivet av den mångsysslande skriftställaren Rune Lindström (1916–1973). Detta folkliga drama i form av sex tablåer över dalfolkets religiositet, folktro och liv spelades från och med 1941 i hela Norden, bland annat i ett antal gästspel på Dramaten i Stockholm under krigsåren. Därtill gjordes en filmversion 1942, regisserad av Alf Sjöberg, en mentor för Bergman som senare även regisserade hans egen manusdebut *Hets*. Det är knappast möjligt att överskatta *Himlaspelets* verkningshistoria med tanke på allt som skrevs om pjäsen under dess turnéer och fasta spelplatser på somrarna. Upplagan av texthäftet överträffade de flesta samtida poesisamlingar under en guldålder av svensk lyrik och upplagan är storleksmässigt jämförbar med till exempel Karlfeldts dikt-samlingar.[8] Under Lindströms mest aktiva tid vid Svensk Filmindustri kom den unge Bergman som adept och vi vet att de båda hade ett visst samröre. Bergman kände troligen till Lindströms alkoholproblem.[9] Lindström som också då och då agerade framför kameran, hade även en mindre roll som präst i Bergmans film *Fängelse* (1949), där han dock kom att bli bortklippt i slutversionen.

Den yttre berättelsen i *Himlaspelet* är att huvudpersonen Mats Ersson förlorar sin hustru som anklagas och döms till döden i en häxpro-cess. I sitt raseri och förtvivlan bestämmer han sig för att söka upp Gud för att konfrontera honom. Man kan beskriva skådespelet som en rustik parafras på Orpheus-myten i det att Ersson hoppas kunna återkalla hustrun från de döda. Ramberättelsen pekar på likheter med Laurinus psalm över den förlorade hustrun och mycket riktigt skrivs "I himmelen"-psalmens melodi (ursprungligen inte texten) in i pjäsen vid det ögonblick då Ersson leds till paradiset vid sin egen hädanfärd. Då han träder ut ur det jordiska livet till den värld han skådar framför sig, genom en öppning i scenkulisserna, utbrister han: "Jag är hemma!"

Lindström ville enligt egen utsago förmedla bilden av att dalfol-kets förmodade enkla och naturliga religiositet var en slags relikt av stormaktstidens lutherska ortodoxi; det är på trona allt kommer an (sola fide), så även den aspekten av Laurinuspsalmen är närvarande i *Himlaspelet*. Rollkaraktären Simon Peter utbrister i luthersk nit: "Det är på trona allt ska bero" och i en radiointervju 1956 säger Lindström att hans mål med *Himlaspelet* var att behandla "[r]eligionen i människorna. Jag har försökt få fram hur den religiositet, denna dalareligiositet, tar sig uttryck. Det är tron som räknas."[10]

"I himmelen" har traditionellt sjungits till två olika melodier. Den som gällde i 1939 års koralbok är den version som Bergman först an-vände och är den äldsta, med anor från 1600-talet. Det är möjligen den som Laurinus diktade till men trycket från 1622 saknar noter så melodin finns belagd först decennier senare. Här är den i den vidast spridda variant som trycktes i Koralpsalmboken 1697:

I Dalarna har psalmen under 1900-talet kommit att förknippas med följande melodi (Sv.Ps.B. 1986 169b):

Denna senare melodi har kommit i folklig spridning och Lindström förefaller ha uppfattat den som en folklig "dalakoral". Det äldsta belägget för denna melodifamilj är dock en sång i Per Palmquists baptistiska tryck *Pilgrims-Sånger* (1859) som först i *Svenska Missionsförbundets Sångbok* (1894) kopplats till Laurinus text. Därefter förekommer den i diverse sångsamlingar, såsom *Psalterium dalecarlicum eller dala-harpan* (1914).[11]

Lindström illustrerar alltså dalfolkets gamla lutherdom – en symbol för stormaktstidens kyrkliga arv – med en baptistisk melodi som vid tidpunkten troligen är mindre än hundra år gammal. Häxprocesserna illustreras i sin tur med en melodi som saknar belägg före 1850. Bergman tar oss dock (möjligen omedvetet) tillbaka till sextonhundratalet i sin moderna salong där *Sommarnattens leende* huvudsakligen utspelas.

Laurinuspsalmen i tre av Bergmans filmer

I skenet av Lindströms idé att illustrera den i kultur-, skol- och kyrkoliv vid mitten av nittonhundratalet mycket välkända "I himmelen" genom dess melodi (oavhängigt texten) blir det intressant att se hur melodin förekommer i *Sommarnattens leende* (1955). Här spelas melodin vid tre tillfällen i filmen av ett klockspel. Vid det första tillfället visas klockspelet också i bild. Den hörs i följande scener: som avbrott av Desireés sång; vid Henriks invertering av ett dygdemotto tillskrivet Luther, inför hans planerade men misslyckade självmord, samt vid grevens och grevinnans vadslagning och återförening.

Om Lindström ville teckna en gammalluthersk bekännelse som kontext till *Himlaspelet*, förekommer Martin Luther som konkret historisk gestalt i *Sommarnattens leende*. Den unge teologistudenten Henrik Egerman läser för sin fars hushållerska ur vad som påstås vara Luthers text (men förefaller vara en postilla av 1800-talstyp). Det som tillskrivs reformatorn är dygdemottot "man kan inte hindra fåglarna att flyga över ens huvud, men man kan hindra dem från att bygga bo i ens hår". Fåglarna syftar på synden. När Henrik, upptänd av begär, senare inverterar mottot och istället säger: "låt fåglarna bygga bo i mitt hår", så hörs Laurinuspsalmen för andra gången. Men det mest spektakulära (i alla fall för en hymnolog eller musikforskare) är psalmens första inträde som ett avbrott av Desirée Armfeldts sång i scenen i den gula paviljongen. Desirée sjunger nämligen en sång av Hans Georg Nägeli (1773–1846), till eget gitarrackompanjemang: "Freut euch des lebens", en symbol för detta livets glädjeämnen. Texten framställer kontrasten mellan den förgängliga världens nöjen, lycka, fröjd och evighetens högre värden. Sången avbryts abrupt i en scenövergång med "I himmelen"-melodin spelad av ett mekaniskt klockspel med allegoriska träfigurer snurrande på en roterande platta, som skulle kunna tolkas som det astronomiska uret på Prags rådhus.[12] Avbrottet i scenen sker genom att klockspelets slag bryter in, före melodins intonation, i Desirées sång innan bilden har flyttats från salongsmiljön. Detta tystar i praktiken Desirées sång. I anslutning till detta är det intressant att notera evighetens "förstummande" enligt Laurinuspsalmen, av världens alla ljud genom transcendent sång, det vill säga änglarna som tystar all fåfänglighets toner. Detta finns ju redan i psalmens referens till Jesajas syn i templet (Helig) och har varit en återkommande tanke i psalmen, ett topos som har blivit kvar i 1819 och 1937 års psalmböcker, vilka Bergman var mest förtrogen med. Temat är "sången i denna världs tystnande". I sextonhundratalsversionerna beror den jordiska sångens tystnande på att: "ej törs där någor tänka på det som förra var / ej finnes någon tunga den rätt utsäga må / hur de med luft där sjunga." I 1937 års psalmbok har tystnandet blivit till en beskrivning av den himmelska sång som bryter in i det jordiska: "som intet öra hörde än / ej njuten av ett dödligt bröst / ej sjungen av en dödligs röst". Klockspelets avbrott med psalmmelodin har en stark dramatisk effekt, lätt uppfattad som en dom över det värdsliga liv och tillvaro som Bergman dramatiserat i salongsscenen "gula paviljongen".

I *Jungfrukällan* (1960), som bygger på den medeltida balladen om Per Tyrssons döttrar i Vänge, har vi en liknande situation som i Lindströms *Himlaspelet*, nämligen att psalmen ljuder i filmens upplösningsscen, när avskiljningen mellan den jordiska tillvaron och himmelen bryts. Fadern Töre har dräpt de två rövare som i sin tur mördat hans dotter Karin. I slutscenen har man funnit Karins döda kropp och samlat hela Töres hushåll runt den. Vid det under filmtiteln alluderar till, att en källa bryter fram ur marken där Karins huvud vilat, tonas psalmen upp. Denna gång använder Bergman den senare dalamelodin. I två filmer inom fem års tid alluderar han alltså till samma psalm i två separata melodivarianter. Användningen av melodivarianten ur *Pilgrims-Sånger* i *Himlaspelet* och i *Jungfrukällan* gjorde, jämte en körsats utgiven av Jan-Håkan Åberg (1942), denna melodivariant ytterligare känd i hela landet och i den dåvarande statskyrkan, och torde därigenom ha varit starkt bidragande till att denna version togs upp av 1969 års psalmbokskommitté och vid sidan med den äldre melodin fick sin plats i 1986 års psalmbok.

I *Nattvardsgästerna* (1963) figurerar Laurinuspsalmen för tredje gången, men här visuellt, utan att alls ljuda. Att den ändå är närvarande framgår av psalmtavlan i bild: nummer 144 i 1937 års psalmbok är just "I himmelen". För den kyrkligt välorienterade publik Bergman vände sig till när filmen hade premiär placerar psalmnumret handlingen tydligt i allhelgonahelgen. Psalmen föregås på psalmtavlan av nummer 4:

"Helig, helig, helig", det trefaldiga Sanctus som också ingår i "I himmelen". Det rör sig alltså om en film där en sång ingår som separat konstverk, och där en annan sång i sin tur ingår i den förra sången – som ryska matrjosjka-dockor eller så kallad *mise en abyme*. Denna films första del är en initierad gestaltning av en högmässa enligt då gällande 1942 års kyrkohandbok. Bergman visar både kunskaper, detaljintresse och djup förståelse för de olika momentens genomförande och rituella innebörd. I förarbetet till *Nattvardsgästerna* fotograferades interiörer och artefakter från Skatteunge kyrka, vilket har en speciell relevans vad gäller det föreställda melodivalet för den i filmen aldrig klingande psalmen. På 1960-talet hade redan den version av "I himmelen" som Lindström använde kommit att kallas "Skattungemelodin", bland annat i tryckta program från *Himlaspelet*. I senare skede valde man dock att spela in interiörerna i SF-studio i Solna, med inventarier lånade från Lillkyrka i Åkerbo, Östergötland, men i idéerna på planeringsstadiet kan naturligtvis koralmelodins och kyrkorummets gemensamma koppling till denna dalasocken ha haft viss betydelse.

Finns psalmmelodin i filmerna eller bara för publiken?

I Sommarnattens leende kombinerar Bergman två egenheter som kan ses som betecknande för hans övriga auteurskap, än mer i de senare filmerna, nämligen dels diegetisk musik (musik som hos tittaren på något sätt föreställs klinga eller förekomma i den filmade scenen, ofta med specifik narrativ innebörd), dels klockljud som atmosfäriskt ljud eller påminnelse om diegesen. I detta sammanhang kan man inte bortse från hur just koralmelodier, som "I himmelen" har använts i ett tidigare verk som kom att ha en stor betydelse för Bergmans karriär, nämligen W.A. Mozarts *Trollflöjten*. Där förekommer dels lutherska koraler (i Bachs harmonisering) som får symbolisera det "annorlunda" och "gamla" hos de egyptiska prästerna. Även klockspelet förekommer hos karaktären Papageno (se Jan Holmbergs kapitel i denna volym). Att Bergmans arbete med *Trollflöjten* för TV ägde rum först nästan tjugo år efter *Sommarnattens leende*, är av mindre betydelse i ljuset av följande uttalande av Bergman 1974:

[M]in kärlek till Trollflöjten har stått sig och förmodligen
intensifierats. Först avsåg jag att spela den på min dockteater
men 78-varvsskivorna var dyra grejor och dockteaterns
finansiella situation ständigt lika prekär, så jag fick den gången
nöja mig med att göra teckningar till dekoren. Sen planerade
jag en föreställning i Malmö för omkring tjugo år sedan
[1954], den blev inte heller av eftersom vi inte hade artisterna.
Så fick jag för tio år sedan [1964] bud från Hamburg, vi
kom ganska långt i förberedelserna men så blev jag chef på
Dramaten, det blev ingenting av den gången heller.[13]

Bergman har en tendens att skriva sin egen historia med vissa myto-
logiska eller ironiska inslag, men om vi tar honom på orden här, före-
faller det som att han vid tiden för Sommarnattens leende 1955 velat
skrida till verket med *Trollflöjten* och då redan umgåtts en tid med planer
hur det dramat skulle gestaltas. Nu blev det inte så, men han förefaller i
stället ha gjort precis vad Mozart gör med de lutherska koralerna, fast i
sin egen kärlekskomedi *Sommarnattens leende*. Koralerna finns med som
självständiga, inlånade, konstverk i konstverket, berättande ett narrativ
som signaleras genom melodierna, och som pekar på de i filmen från-
varande texter melodierna förknippas med.

Den förlorade älskade – en tematik som återkommer

Om vi betraktar Laurinus psalm över den förlorade hustrun, jämte hur
psalmmelodin samspelar hos karaktärerna Mats Ersson i Lindströms
Himlaspelet, advokat Egerman i *Sommarnattens leende*, och Herr Töre i
Jungfrukällan, så framträder en gemensam tematik. Alla fyra har förlo-
rat en älskad nära. I de tre första fallen är det änklingar, omgifta med
mycket unga hustrur dessutom, som kommer till tals. Deras hustrur
har ryckts ifrån dem och psalmen erbjuder en möjlighet att få den
saknade åter, ett återkommande tema även i senare Bergmanfilmer,
som hos änklingen Henrik i *Saraband* (2003). I alla de här nämnda fal-
len rör det sig om unga dygdiga och idealiserade hustrur, i det fjärde
fallet dottern (*Jungfrukällan*), skildrad som oskuldsfull och jungfrulig.

Den historiske personen Laurinus diktade ju "I himmelen" i anslutning till likpredikan över hustrun, och som vi redan sett diskuterades psalmens tillkomsthistoria i översiktsverk och skola under Bergmans ungdomsår.

De fiktiva personerna som hamnar i psalmens förklaringsljus beter sig på ett likartat sätt: Lindströms Ersson vill ställa Gud till svars för hustruns död. Egerman i *Sommarnattens leende* ställs moraliskt till svars av sonen Henrik, som misstycker till faderns alltför unga hustru. Herr Töre i *Jungfrukällan* anklagar Gud för Karins död: "Du tillät det!". Det senare blir en direkt parallell till Ersson. Ingen av de två anklagar ytterst gärningsmännen bakom de unga kvinnornas död, utan Gud som lät det fruktansvärda hända. Henrik i *Sommarnattens leende* tror att han kommer att dö vid sitt självmordsförsök, då "I himmelen" ljuder för andra gången. Istället förenas han med den han älskar. Sättet detta sker på – med komisk inramning, där ett slags scenmaskineri får den åtråddas säng att göra entré i Henriks rum – är väldigt typiskt för Bergman, där återkommande tematik ofta är starkare än genreavgränsningar såsom de mellan komedi och tragedi, eller mellan realism eller surrealism. Den sista återtagningen av Laurinuspsalmen i *Sommarnattens leende* kan på samma sätt förstås som en återförening av två älskande: det rör sig om en relationsmässig återförening av en otrogen man och en otrogen hustru (greve Malcolm och grevinnan Charlotte), där oanständiga och komiska eder svärs. Kontextuellt och tolkningsmässigt intressant är att Jarl Kulle, som här spelar Greve Malcolm, spelat just i Lindströms *Himlaspelet* relativt kort dessförinnan.

Jag hoppas att i denna studie över hur Bergman har använt en av den svenska musik- och kyrkohistoriens mest centrala psalmer i tre av sina filmer, ha visat att presentationen av psalmen verkar förutsätta ett antal associationer och en känd verkningshistoria rörande psalmens text och melodi. Kopplingen mellan Sanctus-uppenbarelsen och "tron allena"-raderna (i 1937 års sista vers) framstår exempelvis som distinkt i de enskilda filmerna, och sammantaget är intrycket rent av slående konsekvent som tematik betraktad. Det förefaller som att Bergman i sina musikaliska vägval har påverkats av Lindströms version av *Ett spel om den väg som till himla bär* (1941). Den hade explosionsartad framgång under Bergmans tidiga år. Dessutom arbetade han under den tiden med Lindström och Alf Sjöberg på Svensk filmindustri. Det är intressant att notera att Bergmans intresse för Laurinus psalmtext leder till användande av två olika koralmelodier, varav den ena ännu inte fanns i psalm- eller koralboken vid tidpunkten för filmerna (1955, 1960, 1963). I alla tre filmerna är psalmen invävd i filmens narrativ och i de tolkningar som tittaren förväntas kunna göra. Helt oavsett Bergmans intentioner kan det därför i detta fall vara fruktsamt, och historisk mening till och med nödvändigt, att läsa regissören genom rektorn, och rektorn genom reformatorn.

Noter

1   Erici, 1622, *En christeligh lijkpredikan, vthi Margaretæ Lars dotters [...] Laurentij L. kyrkioherdes i Häradzhammar [...] hustrus lykfärdh.*

2   Återföreningens topos återfinns till exempel inte i Göran Stenbergs grundliga analys av svenska likpredikningar under tidigmodern tid. Se Stenberg, 1998.

3   *Then svenska psalmboken*, s. 824-827. Stavning normaliserad enligt nutida bruk av författaren.

4   *Mose och Lambsens wisor*, s. 448.

5   Bengt af Klintberg, 2016, nr. 20.

6   *Läsning för folket.*

7   *Läsning för svenska folket*, s. 30-31.

8   Jörgen Dicander, 2004.

9   Jörgen Dicander, 2004.

10 *Himlaspelet: En historia.*

11 Se Bernskiöld, 2014, bd 1, s. 447.

12 Bergmans fascination för mekaniska musikinstrument behandlas även av Jan Holmberg i annat kapitel i denna volym.

13 Citerat i texthäftet till CD-utgåvan av Mozarts *Trollflöjten*, regi: Ingmar Bergman. Bergman, 1975.

Jes Nysten

FINDES DER EN KÆRLIG OG NÅDIG GUD?

Et luthersk tema hos Bergman

Som det fremgår af artiklens titel er spørgsmålet "Findes der en kærlig og nådig Gud?" et spørgsmål, der optog Martin Luther. Ikke blot som et akademisk, teologisk spørgsmål, men som et afgørende eksistentielt spørgsmål. Luther kæmpede med spørgsmålet gennem hele sit liv, og lige til det sidste kunne han have sin tvivl.

Luther blev som ung optaget som munk i augustinerordenen, og selv efter reformationen, hvor han brød med den katolske kirke og dermed også med sin oprindelige munkeorden, forblev Luther på mange måder dybt afhængig af den oldkirkelige kirkefader Augustins tanker, som han havde levet med siden ungdommen. Fælles for dem var netop denne indre kamp: levede de et gudvelbehageligt liv, som kunne bringe nåde og frelse, eller var de henvist til den guddommelige straf på dommens dag?

Det er åbenbart, at i vores evangelisk-lutherske tradition er det netop Luthers pointering af dette spørgsmål, der igen og igen bliver trukket frem, men spørgsmålet har været et fast integreret tema gennem hele kristendommens historie (ikke blot hos Augustin), for det ligger ved kernen af selve Bibelens budskab. Både i det gamle og det nye testamente presser det sig på takket være den Gudsforståelse, der løber gennem hele Bibelen.

Bibelens urokkelige Gudsbillede er, at Gud er een – den ene, almægtige Gud.

Og det fortælles der igen og igen i det gamle testamente om, at denne almægtige Gud er den krævende Gud – pagtens Gud – der straffer hårdt, hvis pagten overtrædes, men hjælper og støtter, når pagten overholdes. Selv i det nye testamentes pointering af den kærlige og tilgivende Gud, lægges der ikke skjul på muligheden for dom. I dette konstante og uafklarede spændingsfelt løber spørgsmålet "findes der en kærlig og nådig Gud?" gennem kristendommens historie, og det kan ikke besvaret med et skråsikkert ja, men det er båret af et håb – det er alene et trosspørgsmål.

Spørgsmålstegnet der blev væk

Der er noget, der tyder på, at spørgsmålstegnet er på vej væk. Sådan kan det synes, når man lytter til indflydelsesrige teologiske og kirkelige debattører. Det er blevet en konstatering "Gud er kærlig og nådig!" Kampen og tvivlen afsvækkes. Der er ingen tvivl om, at den italienske filosof Gianni Vattimos bog *Jeg tror, at jeg tror* fra 1996 (dansk 1999) har haft stor betydning for denne udvikling i den teologiske og kirkelige debat. I bogen argumenteres for "den svage, kærlige Gud", der menneskeliggør sig i Kristus i dyb solidaritet med mennesket. Her er der ikke rum for en skarp, krævende endsige dømmende (patriarkalsk) Gud. I Danmark er det særligt to teologer/præster, der videreudvikler denne tænkning: Lars Sandbeck med bogen *Afsked med almagten* (2014) og Niels Grønkjær med bogen *Den nye Gud* (2010).

Luthers gennemgående opfordring i Den lille Katekismus: "Vi skal frygte og elske Gud..." optræder bestemt ikke hos disse indflydelsesrige teologer/præster. Der kan mange velmenende, kirkelige, teologiske og medmenneskelige grunde til denne fokusering på den kærlige og barmhjertige Gud. Den strenge lutherske ortodoksi og den stærke pietistiske kristendom har i lange perioder her i Norden skabt en lidt mørk, frygtsom kristendom, der var meget indadvendt, og som havde svært ved at åbne sig mod verden og medmennesket og se skaberværket som udtryk for Guds "doxa" (herlighed) og Kristi død og opstandelse som en entydig kærlig Guds handling. Men hvis man fra teologisk og kirkelig side – i et sikkert godhjertet forsøg på at komme det moderne menneske i møde med "en glad, ubekymret kristendom" og dermed gøre op med den "mørke og strenge kristendom" – overser den spænding, som ligger i den bibelske og lutherske tradition med både dommens mulighed og troens håb om kærlighed og nåde, så bliver ikke bare den komplekse spændingsfyldte Gudsforståelse amputeret, men den kristne menneskeforståelse bliver også forvansket. Denne spænding kan samles i det klassisk kristne begreb "synd". Som det beskrives i Bibelen og videreudvikles hos Augustin og Luther, er mennesket en synder! Mennesket har en iboende brist, en utrættelig optagethed af sig selv. Det lever i en illusion om at være åben og vendt mod både Gud og medmennesket, men i sin grund er det døvt og blindt – det hører og ser ikke, hvad der i virkeligheden kræves af det. Synd er således ikke et moralsk begreb, men en teologisk/kirkelig karakteristik af et grundmenneskeligt vilkår. Det har intet med viden eller god vilje at gøre. Det er ikke som i den græske sokratisk-pædagogiske tænkning, hvor viden nødvendigvis fører til de rette handlinger. Som Paulus udtrykker det kort og fyndigt "For det gode, som jeg vil, det gør jeg ikke, men det onde, som jeg ikke vil, det gør jeg" (Rom. 7:19).

Man kan godt argumentere for, at denne forståelse af mennesket som synder ikke harmonerer med en moderne menneskeforståelse, der trækker mere på oplysningstidens tanker end på en bibelsk forståelse. Den klassiske "sjælekamp" er væk, mennesket er i sin grund godt, og det kan derfor også lære at se sig selv i spejlet med stolthed uden at skulle blande Gud ind i dette. Selvfølgelig "synder" det moderne menneske engang imellem: spiser lidt for mange søde sager, glemmer at gå den daglige tur, eller det stikker en lille hvid løgn i en nødsituation. Men disse overskuelige moralske synder er til at bære, uden det menneskelige selvværd behøver at lide last.

Selvfølgelig kan det enkelte menneske godt på forskellige måder komme på kant med den i medierne og offentligheden gængse mening, men at blande Gud ind i dette: nej!

Så der kan være god grund til, at det er svært idag for kirken/kristendommen at ville forkynde Bibelens, Augustins og Luthers komplicerede og eksistentielt dybtfølte "syndsbevidsthed" til mennesker, hvis forståelse af det at være menneske leves for de flestes vedkommende helt uden denne bekymring.

Det lutherske i Ingmar Bergmans film

Det er med en klar viden om, at jeg i det følgende fokuserer på et enkelt element af det meget komplekse forhold til kristendom og tro, som kommer til udtryk på mangfoldige måder i Ingmar Bergmans film. Jeg mener det er afgørende at få frem - først og fremmest som det kommer til udtryk i Som i et spejl og særligt i Nadvergæsterne. Og det ikke kun, fordi det i disse film er af afgørende betydning, men også fordi jeg mener, disse film på en både enkel og dybsindig måde udfolder dette også for os idag så afgørende lutherske tema "Findes der en kærlig og nådig Gud?"

Som i et spejl danner den første i en trilogi sammen med filmene Nadvergæsterne og Stilheden. Filmen er et fortættet kammerspil blot med fire skuespillere. Karin, hovedpersonen, der spilles af Harriet Andersson, er efter en indlæggelse på et psykiatrisk hospital taget på rekreation på en afsides ø med sin mand, spillet af Max von Sydow, sin lillebror, spillet af Lars Passgård, og sin far, spillet af Gunnar Björnstrand. Hun er i bedring, men er langt fra helbredt og risikoen for tilbagefald er overhængende.

Karin bærer i sig en dyb længsel, som det kommer til udtryk i drømmen, hvor hun går gennem væggen og oplever samværet med mennesker, hun er tryg ved og forstår, og ikke mindst den oplevelse af lyset, der er i rummet. Her venter alle på "ham", der skal komme. Og som hun fortæller Minus "jeg længes efter det øjeblik, da døren bliver åbnet og alle ansigter skal vende sig mod ham, som kommer... jeg tror, at Gud vil åbenbare sig for os. At han vil komme ind til os i værelset gennem den dør der..." (48 min.) En længsel fylder hende, en længsel efter en kærlighed, som hun ikke umiddelbart erfarer hos mændene, der omgiver hende. Og som måske vil komme til dem med "ham, der snart kommer". Men han tøver med at komme, også selvom Minus beder om Guds hjælp. For Karin bliver den drømte lysende harmoni efterhånden forstyrret af stemmer – uhyggelige stemmer. Til sidst ser hun Gud: et nærgående rædsomt edderkopvæsen, som prøver at kravle ind i hende.

Umiddelbart er Karins historie jo en sygdomshistorie: et sygt sinds barokke virkelighedsforvrængning. Og sådan forstår mændene det. At

I filmens mørke tillukkede inferno, hvor alle bliver presset til det yderste kan en enkel akavet og tøvende samtale pludselig og uforberedt lukke lyset og glæden ind. Men bare i et glimt! Minus (Lars Passgård) taler med sin far David (Gunnar Björnstrand).

der i hendes umiddelbart vanvittige syner og tale kan gemme sig en eksistentiel længsel, det har de svært ved at se.

Men alligevel, på trods af mændenes manglende forståelse for den længsel, der fylder Karin, så bryder der noget frem i den afsluttende samtale mellem Minus, broderen og David, faderen – i et pludseligt glimt. David fremstammer sin forhåbning:

> ...at kærligheden eksisterer som noget virkeligt i menneskenes
> verden... den højeste og den laveste, den fattigste og den
> rigeste, den latterligste og den skønneste... vi kan ikke vide,
> om kærligheden beviser Guds eksistens eller om kærligheden
> er Gud selv... med al min følelse af tomhed og min ynkelige

selvopgivelse henter jeg trøst i den tanke... pludselig
forvandles tomheden til rigdom og selvopgivelsen til liv. Det
er som en benådning, Minus. Fra dødsstraf.

Minus ser pludselig et lille lys, en sprække i mørket "hvis det er som du
siger, skulle Karin være omgivet af Gud, fordi vi elsker hende". David
nikker. Da David er gået for at lave mad, er Minus tilbage og hvisker
for sig selv "far talte med mig", og vi ser et tøvende smil tone frem på
hans ansigt (127 min.).

Det er en mageløs afslutning på dette drama fyldt med en intensitet
og sproglig kraft midt i afmagten. I en samtale der kredser om Gud
som kærlighed og nåde. I filmens mørke tillukkede inferno, hvor alle
bliver presset til det yderste kan en enkel akavet og tøvende samtale
pludselig og uforberedt lukke lyset og glæden ind. Men bare i et glimt!
Hvad denne samtale efterfølgende får af betydning for Minus og for
David og deres skrøbelige kærlighed til Karin – det ved vi ikke. Om
lyset og glæden får lov til at brede sig og omslutte dem allesammen –
det ved vi ikke.

Filmens titel henviser til Paulus citatet fra 1 Korinterbrev i Det nye
Testamente "Endnu ser vi i et spejl, i en gåde, men da skal vi se ansigt
til ansigt. Nu erkender jeg kun stykkevis, men da skal jeg kende fuldt
ud, ligesom jeg selv er kendt fuldt ud." (1. Kor. 13:12). Det er disse
personers vilkår, nøjagtig som det er alles: vi bevæger os gennem livet
uden det fulde overblik, den totale sammenhæng, den dybe mening. Vi
må stykke sammen så godt vi kan, mens vi er på vej.

Filmen er fyldt med mørke, med afmagt, med sjælelig skrøbelighed,
men afgørende er det, der finder sted *bag* de hjerteskærende tableauer,
det der kan høres under alle ordene. For bagom og nedunder er der
noget uafvigeligt tilstede, noget der baner sig vej, også selvom det kun
er i glimt. Men det baner sig frem. Som Paulus udtrykker det: Nu ser
vi i et spejl, nu kender vi kun stykkevis, men stykkerne hører sammen
og med tiden dannes et mønster. Det håbede også Augustin og Luther.
De både håbede det og troede det midt i tvivlen og anfægtelserne.
I filmen antydes kærligheden og lyset midt i mørket. Disse personer
har ikke sluppet det stykkevise, det tøvende. De er ikke i stand til at
formulere det brændende spørgsmål direkte, men man kan godt høre

det som en undertekst gennem hele filmen: "Findes der en kærlig og nådig Gud?"

Allerede året efter *Som i et spejl* kommer den næste film i trilogien: *Nadvergæsterne*. Endnu et pinagtigt sjæledrama: Det udspiller sig over tre timer - mellem to gudstjenester en søndag i november. Det lukkede kammerspil i *Som i et spejl* er blevet lukket op, lukket op til kirken og til landsbyens liv, men filmens fokus er på samme måde indsnævret til få personer og deres indbyrdes forhold. Det gælder først og fremmest præsten Tomas, spillet af Gunnar Björnstrand og lærerinden Märta, spillet af Ingrid Thulin. Navnene er ikke tilfældigt valgte: Märta den gode og kærlige, og Tomas tvivleren – og så er det alligevel ikke helt så enkelt.

Med stadig fokus på det lutherske, er det spændende skift fra den forrige film, at den sjælekamp, der udfoldede sig i det lukkede og isolerede familiedrama, her bliver lagt ind i en gudstjenestelig ramme.

Filmen indledes netop med gudstjenestens nadver og dermed forkyndelsen af Guds herlighed og Kristi nærvær. Hvis der er noget, der lå Luther på sinde, var det den rette forståelse af nadveren. Her fastholdt han læren fra sin tid som augustinermunk: Kristus er virkelig tilstede med sin kærlighed og nåde i nadveren. Nu er netop nadversakramentet et af de store komplicerede dogmatiske stridsspørgsmål, både når det gælder Luthers opgør med den katolske kirke, og hans opgør med de andre protestantiske reformatorer. Derfor en det også så interessant at se hvordan Bergman i denne film udfolder det der er så svært at sætte ord på. Inden jeg for alvor vender mig mod filmen, er det vigtigt kort at redegøre for Luthers opfattelse.

Den katolske kirke lærer en transsubstantiationslære, det vil sige en forvandlingslære. Man betragter kødet og blodet i nadveren som værende Jesu virkelige kød og blod, netop fordi der skete en forvandling under indvielsen af brødet og vin. Det brød reformatorerne med, men heller ikke reformatorerne var enige om, hvordan nadveren skulle forstås. Luthers lære er overfor både den katolske kirke og de andre reformatorer, det der benævnes en konsubstantiationslære, altså læren om sammensmeltning. Luther mente at der ved nadveren altid var tre elementer: et tegn (signum) som var brød og vin, en betydning (res), som var tilgivelsen for synder og en tro (usus) i hvilken man modtog tilgivelsen. Med konsubstantiationslæren menes det, at Kristus betragtes som nærværende i nadveren, og derfor er der realpræsens uden at brødet og vinen fysisk ændres, det vil sige det var samtidigt brød og legeme, vin og blod.

Luther kunne ikke acceptere nogle af de andre reformatoriske forståelser af nadveren, fordi det betød, at det guddommelige og det menneskelige på denne måde blev holdt helt adskilt.

Men i Luthers forståelse af skabelsen og af inkarnationen (Gud blev menneske i Jesus Kristus) var det afgørende, at Gud *er* kommet til jorden og har gennemlyst det menneskelige. Kristus havde lovet ved det sidste måltid skærtorsdag aften, at han ville være her lige nu hvergang, ja hvergang nadverens brød og vin bliver delt rundt. Uafhængig af hvad vi hver især måtte lægge i det. Nadveren er stedet, hvor det synlige og det usynlige smelter sammen.

For Luther er det at deltage i nadveren at få del i Kristi tilgivelse og kærlighed. Det er en nådeshandling: jeg er midt iblandt jer! Men fordi vi er så fraværende, så optaget af os selv og vore daglige kampe, er vi ikke opmærksomme. Vi hører ikke det, der bliver sagt til os, vi fornemmer ikke det, der bliver givet os. Ja, vi kan igen og igen komme i tvivl: kan det nu passe, for sådan som livet på mangfoldige måder udfolder sig for mig selv og mine medmennesker, så tyder det snarere på en brutal og ukærlig Gud! Derfor er det for Luther så afgørende, at vi igen og igen og igen deltager i nadverhandlingen, for at styrke vores tro – vores tro på, at alt dette gives os – til glæde og liv, til fællesskab. For det er netop i det fælles nadver-måltid at kærligheden kan brede sig ud. Så når vi rejser os fra knæfaldet, så ser vi hinanden som del af det fællesskab, der er indstiftet af Kristus selv.

Luther sætter ord på denne særlige nadverforståelse flere steder, men bedst i *Den store Katekismus*, hvor han i et jævnt og forståeligt sprog ikke kun beskriver nadveren og dens betydning, men hvor han også beskriver, hvordan man skal omgås dette sakramente. Noget der netop er så vigtigt et element i *Nadvergæsterne*.[1]

> Hvad er da alterets sakramente? Det er Herren Kristi sande legeme og blod, som det i og under brødet og vinen ved Kristi ord er befalet os kristne at spise og drikke ... Det er

ordet, siger jeg, som skaber dette sakramente og gør det forskelligt fra almindeligt brød og vin, så at det er og kaldes Kristi legeme og blod.

Derefter berører Luther det vigtige spørgsmål om præstens eller den der modtager brødet og vinens habitus:

Her fastslår vi med sikkerhed: Selv om en slyngel modtager eller uddeler sakramentet, modtager han det rette sakramente, det vil sige Kristi legeme og blod, ligesåvel som den, der behandler det på den allerværdigste måde. For det beror ikke på menneskets hellighed, men på Guds ord.

Luther gør også gældende, hvad nadveren gavner

vi går til alters, for at vi dér må modtage nadveren, ved og i hvilken vi får syndernes forladelse. Hvorfor? Fordi ordene står der, som giver os dette. Han befaler mig nemlig at spise og drikke, for at det skal være mit og gavne mig som et sikkert pant og tegn, ja, som selve det værn, der er indsat for min skyld mod min synd og død og mod al ulykke. Derfor kaldes det med rette sjæleføde, der nærer og styrker det nye menneske... Derfor har vi nu fået denne trøst, så at hjertet, når det føler sig forsagt, her kan hente ny kraft og vederkvægelse.

Men selvom dette er en Guds-gave, skal man aktivt gå den imøde

der er ikke givet nogen frihed til at foragte nadveren. Hvis man lader så lang tid gå hen uden at begære den, skønt man ikke er hindret deri, kalder jeg det foragt... dette er først og fremmest sagt til de kolde og ligegyldige, for at de komme til besindelse og vågner op. Det er nemlig helt sikkert, sådan som jeg har erfaret det med mig selv, og som enhver kan blive klar over med sig selv, at hvis man holder sig borte fra sakramentet, bliver man dag for dag mere ufølsom og kold og er til sidst helt ligeglad.

Denne måde at forstå nadveren på gennemlyser hele Luthers kristendomsforståelse: at det guddommelige er tilstede i det menneskelige, det uendelige er tilstede i det endelige, i glimt som i nadveren eller dåben eller musikken, i glimt ja, men det er her!

Bergman forstår på forbilledlig vis i *Nadvergæsterne* at gøre denne afgørende lutherske forståelse synlig og forståelig, bl. a. ved at omkranse fortællingen af de to gudstjenester med fokus på nadveren. Vi følger i filmens indledende scene med pinlig tydelighed, hvordan dette helt afgørende moment ved indstiftelsen af nadveren fuldstændigt smuldrer hen. Ingen af de tilstedeværende i kirken er opmærksomme, er for alvor nærværende. Måske den gamle kone, men ellers ikke, hver enkelt er kapslet inde i sit eget. De hører med et halvt øre, synger knap nok med, modtager brødet og vinen med tankerne andre steder, undtaget den gamle kone.

Præsten siger godt nok ordene, men hvorfor dette fravær? Tror de ikke på, at det kommer dem ved? De ligger der med deres bekymringer og dagsordener. Hører de ikke, at deres synder er dem forladt? De burde jo rejse sig med et smil og ønske hinanden: tillykke! Men nej, det der tilbydes her, det som rækkes dem forbliver brød og vin. Det guddommelige er ikke nærværende – det de oplever er en rungende tavshed fra en fraværende Gud.

Efter gudstjenesten går livet videre. Konflikterne er ikke blevet mindre, og for Tomas er der stadig en gudstjeneste, der skal holdes kl 3.00 i den anden lille kirke i sognet. Men noget sker for ham, for dér i sakristiet åbner kirketjeneren, spillet af Allan Edwall, en sprække. Han har tænkt over Kristi lidelse i påsken. Hans smertefulde død på korset. Og hans skrig "Min Gud, min Gud, hvorfor har du forladt mig?" Hans tvivl på om det hele havde været forgæves. Men der blev ikke svaret på hans råb. Gud forblev tavs! Er det ikke, spørger kirketjeneren, det værste: Guds tavshed, når vi råber på hjælp? Han får heller intet svar fra den influenzaramte Tomas. Men ude i kirkerummet er Märtha fortvivlet faldet på knæ og beder om at blive i stand til at tro.

Og der er noget, der sker ude i sakristiet: noget falder på plads for tvivleren Tomas. Selvom han er syg, selvom der ikke er flere i kirken end, at han med god grund kunne erklære messefald, så rejser han sig, for naturligvis skal der holdes gudstjeneste med altergang. For det underfulde gives os i nadveren, måske er Gud slet ikke tavs. Hvis vi er tilstede og hører og ser, hvad der gives os i nadveren. For påskemorgen – uventet uforberedt – brød lyset og livet igennem. Gud havde ikke været tavs. Man havde bare ikke hørt det, fordi man ville høre noget andet. Sådan er det, hvis vi tør tro, at det rækkes til os!

På dansk har filmen fået titlen *Lys i mørket* og på engelsk *Winter Light* og netop Bergmans og fotografen Sven Nykvists arbejde med lyset understreger og fastholder tematikken. Bergman fortæller selv hvordan det var vigtigt at arbejde med lyset og dets indfald i kirken: "lyset skulle være dette grå, skyggeløse lys – november lys". Ikke et skarp klart lys men det mere grå lys, hvor noget anes uden at det står helt klart. Det ligger lige for at fortsætte med at citere fra evangeliet "og lyset skinner i mørket, og mørket fik ikke bugt med det" (Joh. 1:5)

Bergman fortæller i slutningen af selvbiografien *Laterna Magica* hvordan han en dag er til gudstjeneste med sin gamle 75-årige far, og hvordan den oplevelse er med til at skabe *Nadvergæsterne*:

> Det var en diset dag i det tidligste forår med stærkt lys
> over sneen. Vi ankom i god tid til den lille kirke nord for
> Uppsala. Før os ventede fire kirkegængere på de trange
> bænke. Kirkeværgen og kirketjeneren hviskede i våbenhuset.
> På orgelpulpituret rumsterede den kvindelige organist. Da
> sammenringningen tonede bort over sletten, havde præsten
> ikke vist sig. Der opstod en lang stilhed i himmelen og på
> jorden. Far rørte uroligt på sig og mumlede.[2]

Videre beretter Bergman, at præsten dukker hæsblæsende op med beskeden om, at han er syg og har fået tilladelse til at gennemføre en forkortet gudstjeneste uden altergang. Derefter forsvinder han bag en tung dør. Derpå skriver Bergman:

> Far rejste sig fra bænken, han var oprørt. Jeg må tale med
> den der personage. Du må lade mig komme forbi. Han kom
> ud af kirkestolen og hinkede tungt støttet til stokken ind i
> sakristiet. Der fulgte en kort, men ophidset samtale. Efter
> nogle minutter viste kirkeværgen sig. Han smilede forlegent

og sagde, at der ville være både altertjeneste og altergang. En ældre kollega ville være præsten behjælpelig. Indgangssalmen blev sunget af organisten og de fåtallige kirkegængere. I slutningen af andet vers skred Far ind i hvid messehagel og med stok. Da sangen hørte op, vendte han sig mod os og talte til os med sin rolige, frie stemme: Hellig, hellig, hellig er Herren Sebaot. Hele jorden er fuld af hans herlighed.

Jeg for mit vedkommende undfangede slutningen af Nadvergæsterne og kodificeringen af en regel, som jeg altid har fulgt og ville følge i al fremtid: Uanset alt, skal du holde din gudstjeneste (min kurs.). Det er vigtigt for kirkegængerne, det er vigtigere for dig. Om det også er vigtigt for Gud, vil vise sig. Hvis der ikke er nogen anden Gud end din forhåbning, er det også vigtigt for guden.[3]

Med nerve og indsigt og overlegen kunstnerisk formåen har Bergman i Nadvergæsterne formået at holde fast i den lutherske eksistentielle kamp om en nådig og kærlig Gud. Kampen bæres af håbet, og vi er i stand til at holde fast i håbet, når vi tør tro på, at det der rækkes os i nadveren er pantet på vores frelse.

Noter

1   Martin Luther, 1976, s. 165.
2   Ingmar Bergman, 1987 b, s. 239.
3   Ingmar Bergman, 1987 b, s. 240.

Caroline Krook

GOD IS DEAD. DAD IS GOD

Om Bergmans föräldrabilder och gudsbilder

Det finns alltid något att säga om Ingmar Bergman.[1] Sätter man ordet och efter hans namn finns det gott om material till vad som helst, precis som med andra giganter t. ex. Martin Luther eller August Strindberg. Det blir så med ofattbart produktiva personer. De fascinerar, och de gör det ofta med sin motsägelsefullhet. De går inte att ringa in dem en gång för alla, och kring deras personligheter och deras verk växer en omfattande forskning. I samband med Ingmar Bergmans 100-årsfirande har det kommit fram en del nytt material, inte minst i fråga om den bild han velat ge av sig själv och sina uppväxtförhållanden.

Vad gäller Ingmar Bergmans uppväxtförhållanden finns två icke hörda vittnen som nu kommit till tals. Det ena är den halvjudiske pojke som bodde flera år (1935–1945) som familjemedlem hos familjen Bergman. Han var flykting från Tyskland. Hans son, Jan Winter, har gett ut en bok om sin far och hans år i Bergmanska hemmet.[2] Det andra vittnet är Ingmars fyra år äldre bror Dag. I Jane Magnussons dokumentärfilm *Bergman: ett år, ett liv* (2018) finns en intervju med storebror Dag som inte varit sänd tidigare. Det sägs att Ingmar Bergman förbjöd att den skulle sändas.[3] Dags bild av barndomsmiljön och av Ingmar som barn stämde dåligt med den bild Ingmar Bergman själv förmedlat. Han var regissören och han ville också regissera omgivningens uppfattning om honom och därmed ofta avkräva löften att få slutgodkänna hela intervjuer och filminslag. Nu, efter hans död, kommer i viss mån ett annat material fram.

Det är i och för sig inte alls ovanligt att när syskon berättar om sin barndom kan berättelserna vara så skilda att man undrar om de vuxit upp i samma familj. Platsen i syskonskaran spelar ofta en avgörande roll. En värmlänning brukar skilja på *ljugning* och *lögn.* Värmländskan Selma Lagerlöf var en mästare på ljugningar. Av ett minnesfragment kan en stor författare bygga en hel roman eller film. Det hör till själva konstnärskapet, litet annorlunda blir det om det handlar om det egna livet.

Frågan om den biografiska sanningen

Ingmar Bergman gav ut sin självbiografi 1987: *Laterna magica.* Den slog försäljningsrekord just i genren självbiografier. I våra dagar skulle den beskrivits som roman, på samma sätt som dottern Linn Ullmanns bok om livet med sina kända föräldrar. *Laterna magicas* första mening lyder: "Då jag föddes i juli 1918 hade mor spanska sjukan, jag var i dåligt skick och nöddöptes på sjukhuset."[4] Fadern Erik skriver däremot:

Tidigt på söndagsmorgonen d. 14 juli föddes Ingmar. Det var en strålande vacker dag, en nordisk högsommardag. Ingmar är alltså ett söndagsbarn. Jag minns att när Mor kommit tillbaka från förlossningsrummet och allt var över och Ingmar låg där tvättad och fin i sin lilla säng bredvid Mor så knäppte vi våra händer och läste psalm 341 "Jesus i din vård vi ge, vårt barn vårt glädjeämne." Ingmar döptes i Duvnäs den 19 Aug. Ingmar var ett rart barn, ljus och vänlig, älskad af alla människor. Det var alldeles omöjligt att vara sträng mot honom.[5]

Ingmars mor Karin skrev endast: "Ernst Ingmar född d. 14 juli 1918. Sv.Ps 257:10". I Släktboken skrev hon: "Till vårt hus 'Våroms' i Duvnäs har ingen kommit så tidigt som Ingmar. Han kom dit endast 14 dagar gammal, och han döptes där en augustiafton i solnedgången i blomsterhörnet i stora rummet."[6] När hösten kom och familjen vände åter till Stockholm insjuknade alla en efter en i spanska sjukan. Lyckligtvis blev alla friska, även lille Ingmar.

Varför börjar Bergman sin självbiografi med detta perspektiv och på något sätt refuserar sig själv redan vid själva födelsen? En ledtråd kan finnas hos August Strindberg, som kallade sin självbiografi *Tjänste-kvinnans son* trots att han sannerligen inte var född i den samhällsklassen (även om hans mor varit servitris en kort tid före giftermålet). Bergman ville sällan framhålla det lyckade och goda. Det är som om både Strindberg och Bergman inte ville framhålla medelklassens/överklassens borgerliga familjeliv. De identifierade sig med en lägre socialgrupp än den de tillhörde. Strindberg skriver om hunger och mat som inte räcker trots att familjen var välbeställd och det fanns gott om mat. Bergman ristar ett fadersporträtt som liknar den avskyvärde biskopen i *Fanny och Alexander*. Sällan citeras ett brev som Ingmar Bergman skrev till sin far då han arbetade på Malmö Stadsteater på 50-talet. Först urskuldar han sig litet att han kommit sig för att skriva och att det är svårt att finna ord.

> Ändå skulle jag vilja säga en sak med risk att den verkar fånig eller uppstyltad. Jag har tänkt så mycket sista tiden på oss ungar och vår barndom och första uppväxt. Det är klart att mycket var tokigt och lite fånigt, men vad är det som inte är det. Men huvudsaken, det viktiga var ju i alla fall den oerhörda ömhet och kärlek som Mor och Far slösade på oss varje dag, varje timme, hur vi var liksom inneslutna i ett skyddande hölje av omsorg, andlig och lekamlig.[7]

Brevet fortsätter med att han vill tacka för föräldrarnas kärlek och vad den betytt för honom.

I *Laterna magica* nämns inte med ett ord flyktingpojken Dieter Müller-Winter. Dieters minnesbild av Ingmar Bergmans far bär föga likhet med biskopen Vergérus i *Fanny och Alexander*. I filmen och i *Laterna magica* tecknar Ingmar Bergman en sorts "fantombild" av sin far, väl medveten om att inga anspråk på sanningshalt krävs i konsten.[8] I *Dieters bok* möter vi Erik Bergman som flyktinghjälpare, antinazist och i viss mån en person som banade väg för kvinnor i prästämbetet. Högkyrklig var han inte, snarare med dragning åt ungkyrkorörelsen.

Men varför måste då biskopen Vergérus brinna upp under hemska plågor? Och varför skulle han som död behöva lägga handen på

Alexanders axel och säga "mig slipper du inte"? Går det inte att bli fri från en förtryckande fadersbild och gudsbild?[9] Hela livet bearbetade Ingmar Bergman sitt förhållande till fadern, ett förhållande som var starkt präglat av både närhet och distans. Fadern dog våren 1970. Några dagar innan han dog satt Ingmar hos honom och den döende gamle mannen tog sonens hand och mumlade fram välsignelsen. Ingmar reste tillbaka till Fårö. Han skriver: "Jag tänker på honom ur ett förtvivlat avstånd men med ömhet. Det är illa ställt med Bergman denna dag, trots det vänliga ljuset över havet. Längtan att något äntligen ska röra vid mig, att jag ska få nåd."[10] I *Söndagsbarn* skriver han litet mer om vad som hände sedan han fått ta emot välsignelsen av sin döende far. Han lämnar häftigt och oförmodat rummet. Syster Edit försöker förmå honom att gå in igen. Han vill inte.

> Jag ser på honom och tänker att jag borde glömma, men jag glömmer inte. Jag borde förlåta, men jag förlåter ingenting. Jag kunde väl i alla fall känna litet tillgivenhet, men jag kan inte förmå mig att känna någon tillgivenhet. Han är en främmande. Jag kommer aldrig att sakna honom. Min mor saknar jag. Jag saknar henne varje dag. Far är redan glömd, jag menar inte personen därinne som håller på att dö, honom känner jag överhuvudtaget inte, utan den där mannen som spelat en roll i mitt liv, han är glömd och borta. Nej, förresten, det är inte sant. Jag önskar att jag kunde glömma honom.[11]

Han gick inte in i sjukrummet igen och efter vad jag förstår deltog han inte i begravningen. När Ingmar var i tjugoårsåldern skedde en uppslitande konflikt med fadern. Förhållandet till föräldrarna var tidvis mycket spänt. Ibland var det dock bättre och de var stolta och glada över hans framgångar och gick på premiärerna och hade synpunkter på filmerna.

Den uppslitande konflikten kallar Winter i boken om sin far för en uppbrottslegend som inte existerade före *Laterna magica*. Winter menar att brytningen inte i första hand gällde fadern utan att det handlade om en brytning mellan modern och Ingmar som inte stod ut med hennes kontrollbehov eller hennes synpunkter på hans sätt att behandla sin käresta (Marianne von Schantz). Ingmar lämnade hemmet men besökte fadern på pastorsexpeditionen någon vecka senare. Han hade fyllt 21 år och kom inte flytta tillbaka till föräldrahemmet, men någon brytning som skulle varat i flera år handlade det inte om.[12]

Försoningen med föräldern?

I filmen *Smultronstället* (1957) är ett tolkningsspår sonens längtan efter sina föräldrar. Bergman menade själv att filmen var handfast och påtaglig och att de religiösa och psykoanalytiska implikationerna hade andra lagt till.[13] Filmen handlar om en enda dag i Isak Borgs liv. Först den tidiga morgonen i Stockholm då han bestämmer sig, efter morgontimmarnas drömmar, att ta bilen till Lund då han ska bli jubeldoktor vid den akademiska högtiden i domkyrkan. Hans svärdotter Marianne följer med. Hon blir den lyssnande och medkännande följeslagare som möjliggör hans inre resa.

Eberhard Isak Borgs hårdhet och självupptagenhet är Ernst Ingmar Bergmans egen – inte hans fars. Men det finns en medvetenhet om det känslomässiga arvet. Går det att bryta arvets onda cirkel? Samma egenskaper som finns hos Isak Borg finns i sonen Evald. Far och son är två upplagor i olika ålder, ändå är de olika varandra. Isak är rädd för att dö, men han är mest av allt rädd för att förtorka. Isak Borg lever instängd i sin egen värld och hans son har blivit faderns kopia vad gäller känslokyla. Isak har fötts av en mor med ett kallt sköte. Vid en rast berättar Marianne om sin make Evalds skräck att bli far. Han vill inte föra släktens iskyla vidare, den som gått i arv. Han vill tvinga Marianne till abort. Marianne vill Livet. Evald vill Döden. Marianne ser detta allt tydligare och har flytt till sin svärfar i Stockholm. Under resan mot Lund berörs Isak allt mer och mer. För första gången på mycket länge låter han sig beröras av andra människor och mjuknar, blir levande. Drömmar, verklighet och minnesfragment blandas.

Efter promotionen, när han ligger i sängen på kvällen, är han en förändrad människa. Det har hänt något med honom. Han vill försoning. Försoning med sin son, med sina föräldrar och med sig själv. Han har kommit att hålla av sin svärdotter Marianne på djupet. För en gång skull känner han något på riktigt. Sent på kvällen kommer sonen Evald in för att säga godnatt. De har ett kort samtal och Isak gör en ansats att vilja efterskänka den penningskuld som sonen har till fadern, men sonen hindrar honom och meningen kommer aldrig till punkt. Innan Isak somnar återkallar han i minnet bilder från barndomen. Han ser i sitt inre en händelse då han och de andra letar efter Isaks föräldrar. Så ser han dem bakom en udde. Det är en fridsam bild. Fadern fiskar, modern sitter och läser eller kanske broderar. De är återfunna och på avstånd vinkar sonen glatt och kärleksfullt. Bergman skriver:

> Genom historien går ett enda motiv, mångfaldigt varierat: tillkortakommanden, fattigdom, tomhet, ingen benådning. Jag vet inte nu och jag visste inte då, hur jag vädjade till mina föräldrar genom Smultronstället: se mig, förstå mig och – om möjligt – förlåt mig.

Han fortsätter:

> Drivkraften i Smultronstället är således ett förtvivlat försök till rättfärdiggörande inför bortvända mytiskt överdimensionerade föräldrar, ett försök som var dömt att misslyckas. Först många år senare förvandlades mor och far till människor av normala proportioner, det infantilt förbittrade hatet upplöstes och försvann. Vi möttes i tillgivenhet och ömsesidig förståelse.[14]

Alla människor bearbetar förhållandet till sina föräldrar hela livet och de flesta brukar komma fram till, någonstans mitt i livet, att de var "good enough". Det gjorde på sätt och vis Ingmar Bergman också när han skrev *Den goda viljan* (1991). Då var båda föräldrarna döda. Efter faderns död tog han hand om alla familjealbumen och bilderna inspirerade honom till berättelserna om familjen i *Söndagsbarn* (1993) och *Enskilda samtal* (1996).

En dag, när Bergman var 47 år, ringde hans mor till Dramaten och bad att sonen skulle besöka sin far som skulle opereras för en svulst i matstrupen. Bergman berättar:

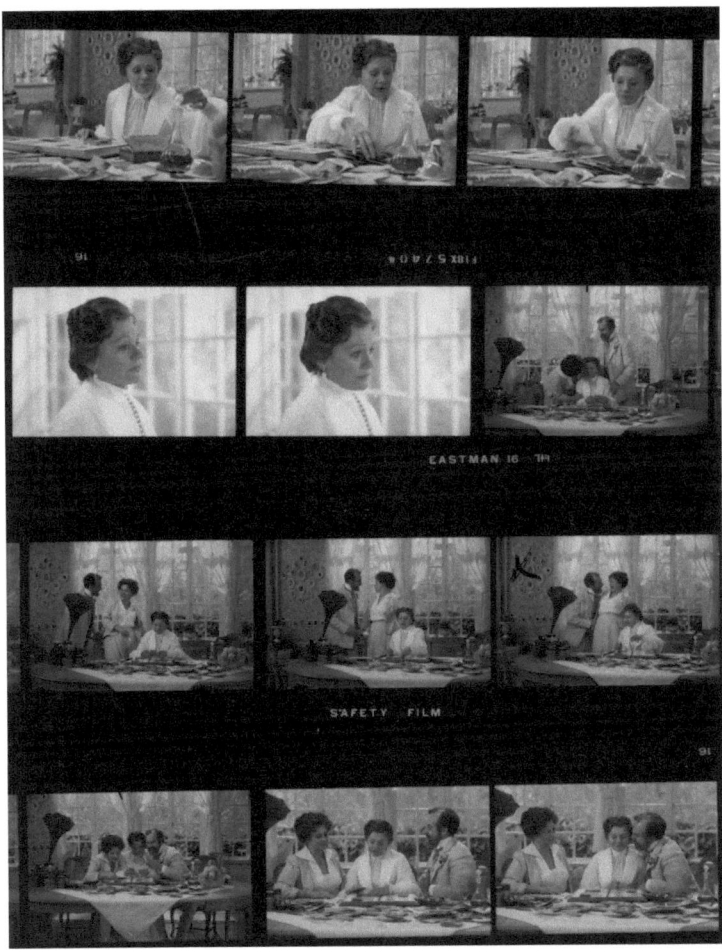

Mot slutet av livet måste någon form av sortering ske, såsom i Fanny & Alexander. Farmor Helena Ekdahl (Gunn Wållgren) sorterar fotografier och minns tillbaka. Sonen Gustav Adolf Ekdahl (Jarl Kulle) med hustru Alma (Mona Malm) besöker farmor i sommarhuset.

Jag svarade att jag varken hade lust eller tid, att min far och
jag inte hade något att säga varandra, att han var en för
mig likgiltig person och att jag säkert bara skulle skrämma
och genera honom genom ett besök vid den eventuella
dödsbädden.[15]

Pappan dog inte, han repade sig, men mamman dog några dagar
senare och Ingmar fick lämna dödsbudet till sin svage far på sjukhuset.
Den sista film Ingmar Bergman gjorde var *Saraband* (2003) som
spelades in för tv. Temat far och son och arvets onda cirkel är då fort-
farande aktuellt. I prologen sitter Marianne i ett solbelyst rum med
massor av fotografier framför sig. Scenen är förvillande lik den där
farmor Helena i *Fanny och Alexander* också sitter i sommarhuset med
en stor hög osorterade bilder framför sig. Så många intryck, så många
upplevelser, så många kända och okända människor ligger på bordet.
Mot slutet av livet måste någon form av sortering ske. En del ska kas-
tas, en del ska sparas inom pärmar, kanske några ska ramas in och fin-
nas synliga varje dag. *Saraband* blir delvis den 84-årige regissörens eget
sorterande. Ett huvudtema är döden och sorgen men även sorgens
och kärlekens bakgator och irrgångar.

Saraband är en pardans med erotiska undertoner. Filmen är en
fristående fortsättning av *Scener ur ett äktenskap*. Johan och Marianne
möts som gamla. En huvudroll har Johans son Henrik från ett tidigare
äktenskap, som bor i en stuga i närheten med sin dotter Karin. Närva-
rande genom sin frånvaro är Anna, den döda hustrun till Henrik och
tillika Karins mamma.

Smultronstället och *Saraband* har liknande motivkretsar, dels livs-
resan mot döden, dels uppgörelsen med föräldrarna och oron för det
onda arv som sitter kvar generation efter generation. I sitt exemplar
av Johan Cullbergs bok *Dynamisk psykiatri* (1984) har Bergman strukit
under en mening som handlar om att om uppväxten är otrygg så blir
också det inre referenssystemet instabilt och fyllt av negativa förvänt-
ningar.

I en scen sitter Johan i sitt överlastade bibliotek och bläddrar i
Søren Kirkegaards bok *Enten – eller*. Hans son Henrik kommer för att
be om ett lån för att kunna köpa en alldeles speciell cello till den begå-

vade dottern Karin. Johan låtsas inte höra att sonen går in i rummet. Scenen som följer är en uppvisning av ett oförsonligt och ömsesidigt hat mellan far och son. Han får naturligtvis inte låna några pengar. Karin bryter sig så småningom loss från sin far. Hon flyr och Henrik gör ett allvarligt menat självmordsförsök. Johan blir förgrymmad och irriterad över att sonen aldrig kan göra något ordentligt. Inte ens ta livet av sig. I vargtimmen får Johan en ångestattack och söker sig till Mariannes rum. Marianne tar emot honom med en mogen kvinnas värme, varken en mammas eller en före detta hustrus. Johan tar av sig nattskjortan och ber Marianne att ta av sig sitt nattlinne. De ligger nakna bredvid varandra i sängen. Nakna och oskyddade som den dag de föddes. Vilsna som Adam och Eva då de lämnade lustgården och började förstå att de var – nakna. Just så beskrev Ingmar vid ett annat tillfälle sin känsla efter sin hustru Ingrids död. Naken. Utkörd ur lustgården. Vilse i världen. För att understryka parallellen så tillägnade han Ingrid *Saraband*. Och när han låter Henrik beskriva sitt möte med sin döda hustru så känns Ingmars längtan efter sin hustru nära:

Anna väntar på mig. Jag tänker så här: En morgon går jag på skogsvägen ner mot älven. Det är en höstdag, dimmig och alldeles vindstilla, alldeles tyst. Så ser jag någon som kommer borta vid grinden. Hon har sin blå jeanskjol och blå kofta och är barfota. Håret har hon i en tjock fläta. Och hon kommer emot mig, Anna kommer emot mig borta vid grinden. Och då förstår jag att jag är död.[16]

Ingmar var absolut övertygad om att han skulle få möta Ingrid igen. Han sa att han inte skulle kunna leva en enda timme utan det hoppet och den förvissningen.

Både i *Smultronstället* och i *Saraband* glimtar Wallins dödsförberedelsepsalm fram: 'Var är den Vän som överallt jag söker'. I *Smultronstället* deklameras den av den unge blivande prästen vid lunchrasten då de blickar ut över Vättern. I *Saraband* citerar Johan psalmen då han och Marianne skådar ut över det vidunderligt vackra landskapet från Henriks veranda. De håller varandra i handen. Och när Henrik övar Bachkoralen *Alle Menchen müssen sterben* i kyrkan så hänger den på psalmtavlan. Den fanns på en bonad i övervåningen på *Våroms* där Ingmar Bergman så ofta var som barn. På sin ålderdom på Fårö kunde han känna "en Närvaro" då han stod på stranden och blickade ut över havet. Han var, liksom Wallin, präglad av en kristen platonism.

Naturen och längtan efter det heliga

Gud är både saknad och efterlängtad i många av Bergmans filmer, på samma sätt som i hans eget liv. Naturen blir för många svenskar – liksom för Ingmar Bergman – ett andaktsrum. Naturen lockar fram en oändlighetskänsla. I Bergmans bibliotek på Fårö bläddrar jag i Owe Wikströms bok *Om heligheten* (1993). Exemplaret var välläst med en hel del understrykningar. Han hade markerat: "Djupt inne i det egna tomrummet är man delaktig i något större".[17] Den känslan kände han igen. Mycket av kyrkans religiösa överbyggnad kan raseras, men kvar finns längtan efter det Heliga.

Det finns många sekvenser i Bergmans filmer där han på olika sätt försöker göra sig av med det religiösa bråte som tynger honom. Framför allt handlar det om den Gud som ger honom dåligt samvete och manar fram känslan av otillräcklighet. Både hans far och hans mor gav honom dåligt samvete, en känsla av obehag, som skorpsmulor under skjortan. Han säger rakt ut vid något tillfälle att ha en far är att ha dåligt samvete och modern var ständigt skuldbeläggande. Det är en vedertagen uppfattning inom själavård att ett barns gudsbild blir färgad av föräldrabilden, oftast av fadersbilden eftersom vi kristna hittills nästan alltid har benämnt Gud med manligt pronomen. Till detta ska läggas att Ingmar Bergman drabbades av den lutherska kyrkans fundamentala misstag, som innebar/innebär att en gudstjänst ofta gestaltas på ett sådant sätt att människan känner sig som en misslyckad person istället för en gudomlig varelse, som vet sitt ursprung i Gud och därför inte behöver känna sig hemlös i världen. Han hatade och avskydde Olaus Petris syndabekännelse "Jag fattig syndig människa som med synd född jemväl i alla mina livsdagar" och han kunde säga sig vara "allergisk" mot en viss typ av präster. Själva kyrkorummet hade han hela livet en bundenhet till.

Den etablerade religionen kan man kanske brotta ned och kasta i sjön eller på annat sätt göra sig fri ifrån. Det är svårare med Heligheten och känslan av Närvaro.

I *Enskilda samtal* låter han romanens Anna (modern) möta sin gamle konfirmationspräst farbror Jacob på Hedvig Eleonora kyrkogård. Hon kommer från sin älskare och behöver någon att tala med. Just då finns den gamle prästen där. Efter ett långt samtal med honom om enskilda angelägenheter frågar Anna om farbror Jacob tror på Gud. Han svarar:

Säg inte ordet "Gud"! Säg "Det Heliga" Människans Helighet.
Allt annat är attribut, utklädslar, manifestationer, tilltag, desperationer, ritualer, förtvivlade rop i mörker och tystnad.
Du kan aldrig räkna ut eller fånga Människans Helighet.
Samtidigt är det något att hålla sig till, något alldeles konkret.
Men ett är säkert: Vi är omgivna av skeenden som vi inte uppfattar med våra sinnen men som påverkar oss oavbrutet.[18]

När Bergmans mor Karin dog i mars 1966 arbetade han med filmen *Vargtimmen*. Filmen handlar om konstnären Johan som är plågad av svåra mardrömmar och går in i en depressiv psykos som leder till att han skadar sin hustru och tar sitt eget liv. I en visualiserad mardröm kastar sig en naken pojke i tolvårsåldern över honom biter sig fast i hans hals. Pojken är onaturligt stark. Johan brottas med pojken och lyckas till sist övermanna honom, slå ihjäl honom med en sten och kasta honom i havet. Han vill verkligen bli av med honom, bli kvitt honom för alltid.

Bergman kan nog inte själv riktigt göra reda för vad det är han så häftigt vill slänga ifrån sig. Förtryckande gudsbilder? Föräldrarnas krav och skuldbeläggande kärlek? Den egna lilla hatiska tolvåringen han har inom sig? Eller bara den ständigt tyngande skulden? Det han vill slänga ifrån sig visar sig ha en styrka som han inte har räknat med. Kampens utgång är inte självklar.

För att en individ ska känna sig fri är det alltid mycket som måste bort. Oftast behövs hela livet för den bearbetningen. Självklart går det aldrig att sammanfatta något av en annan människas tro. Den, liksom vår egen tro, är outgrundlig. Ändå vågar jag säga något. Förhållandet till föräldrarna som så påtagligt färgat hans gudsbild kunde till sist hållas isär.

Mot slutet av sitt liv fann Bergman Gud i själva Skapelsen och i gränslandet till mystika upplevelser av att vara ett med allt. Och han fann det gudomliga i musiken. Han släppte aldrig frågan: "Varifrån kommer musiken?" Det underliggande svaret låg i att musiken kommer från Gud, nästan som någon form av "gudsbevis". Bergmans ständige följeslagare August Strindberg deklarerade på sin ålderdom att han var socialist och att han var kristen. Han fann en personlig tro på Jesus Kristus som sin Frälsare. Det gjorde aldrig Ingmar Bergman. Det var i det mellanmänskliga han fann det gudomliga. "Vännen" som han sökte överallt var inte Kristus utan medmänniskan. I och för sig är det en djupt biblisk tanke men jag tror inte Bergman tänkte i de banorna. Efter hans sista hustrus Ingrids död var också evighetshoppet en självklarhet, Ålderns höst präglades av en längtan att återförenas med henne. På något sätt. Farbror Jacob fortsätter att tala till Anna på Hedvig Eleonora kyrkogård:

> Det är bara Diktarna, Musikerna och Helgonen som har räckt oss speglar av det Ofattbara. De har sett, vetat och förstått. Inte helt men i skärvor. För mig är det trösterikt att tänka på Människans Helighet och de gåtfulla Verkligheter som omger oss. Det som jag säger dig nu är inte metafor, det är verklighet. Inskrivet i Människans Helighet finns Sanningen. Man kan inte begå våld mot Sanningen utan att fara illa. Utan att göra illa.[19]

Orden är den gamle prästens men jag är säker på att de också var den gamle Bergmans egna.

Noter

1 Denna artikel har tidigare publicerats i en liknande version i *Svensk Kyrkotidning* nr. 7, 2018.

2 Jan Winter, 2018.

3 Jeanette Gentele, 2018-07-11.

4 Ingmar Bergman, 1987 a, s. 5.

5 Ingmar Bergman, 1987 a.

6 Birgit Linton-Malmfors, 1992, s. 87-89.

7 Brevet är citerat i Sjöbergs bok Ingmar Bergman.
   Orginalet finns i det släktarkiv som förvaltas av
   Bergmans systerdotter Veronica Ralston.

8 Jan Holmberg, 2018, s. 175.

9 Scenen finns bara med i den längre versionen av filmen.

10 Ingmar Bergman, 1987 a, s. 323.

11 Ingmar Bergman, 1993, s. 122.

12 Jan Winter, 2018, ,s. 204; Caroline Krook, 2017, s. 210 f;
    Ingmar Bergman, 1987 a, s. 165.

13 Ingmar Bergman, 1970, s. 148.

14 Ingmar Bergman, 1990, s. 20-22.

15 Ingmar Bergman, 1987 a, s. 9.

16 Ingmar Bergman, 2003, s. 59.

17 Owe Wikström, 1993, s. 141.

18 Ingmar Bergman, 1996, s. 36.

19 Ingmar Bergman, 1996, s. 37.

Litteratur

af Klintberg, Bengt, 2016, *Svenska trollformler*. Stockholm: Wahlström & Widstrand.

Anderson, Emily, 1985, *The Letters of Mozart and his Family*. London: Macmillan (tredje rev. upplagan).

Batka, L'ubomír, 2014, "Luther's Teaching on Sin and Evil", s. 233-253 i Kolb, Dingel & Batka, 2014.

–, 2016, "Martin Luther's Teaching on Sin", i *Oxford Research Encyclopedia of Religion*, https://oxfordre.com/religion/view/10.1093/acrefore/9780199340378.001.0001/acrefore-9780199340378-e-373 (hämtad 2020 10 11).

Bergman, Ingmar, 1970, *Bergman om Bergman: intervjuer av Stig Björkman, Torsten Mann, Jonas Sima*. Stockholm: Norstedt.

–, 1975, ["Kommentar"], i skivkonvolut till *Trollflöjten*. Stockholm: Sveriges Radio.

–, 1987 a, *Laterna magica*. Stockholm: Norstedts.

–, 1987 b, *Laterna magica*. København: Lindhardt & Ringhof.

–, 1990, *Bilder*. Stockholm: Norstedts.

–, 1991, *Den goda viljan*. Stockholm: Norstedts.

–, 1993, *Söndagsbarn*. Stockholm: Norstedts.

–, 1994, *Femte akten*. Stockholm: Norstedts.

–, 1996, *Enskilda samtal*. Stockholm: Norstedts.

–, 2003, *Saraband*. Stockholm: Norstedts.

–, 2018 a, *Artiklar, essäer, föredrag*. Stockholm: Norstedts.

–, 2018 b, *Persona*. Stockholm: Norstedts [1966].

–, 2018 c, *Det sjunde inseglet*. Stockholm: Norstedts [1957].

Bernskiöld, Hans, 2014, *Psalmernas väg*. Visby: Wessman.

Bjerkeland, Ingvild, 2013, "Death at Christmas: Christmas in Norwegian children's films", s. 227-239 i *Journal of Scandinavian Cinema*, nr. 3 (vol. 3) 2013.

Buckingham, David, 2000, *After the Death of Childhood: Growing Up in the Age of Electronic Media*. Cambridge: Polity Press.

Burns, Ellen J., 1996, "Opera as Heard: A Libretto Edition for Phenomenological Study", i Greetham, Speed Hill &

Shillingsburg, 1996.

Cowie, Peter, 1982, *Ingmar Bergman: A Critical Biography*. London: Secker & Warburg.

Cusanus, Nicolaus, 1940, *Vom verborgenen Gott*, i *Schriften des Nikolaus von Kues in deutscher Übersetzung*. (H. 3). Hamburg: Meiner.

Dicander, Jörgen, 2004, *Den dalmålande dramatikern Rune Lindström: undersökningar av Ett spel om en väg som till himla bär, Johannesnatten och Simson och Delila*. Gagnef: Bokboden.

Eisen, Cliff, & Keefe, Simon P. (red.), 2006, *The Cambridge Mozart Encyclopedia*. Cambridge: Cambridge University Press.

Erici, Isacus, 1622, *En christeligh lijkpredikan, vthi Margaretæ Lars dotters* [...] *Laurentij L. kyrkioherdes i Häradzhammar* [...] *hustrus lykfärdh*. Stockholm: Christoph Reusner.

Gado, Frank, 1986, *The Passion of Ingmar Bergman*. Durham: Duke University Press.

Gentele, Jeanette, 2018, "Bergman: ett år, ett liv: intervjun som Bergman förbjöd avslöjar ny bild", i *Svenska Dagbladet*, 2018-07-11.

Greetham, D. C., Speed Hill, W. & Shillingsburg, P. (red.), 1996, *Text: Transactions of the Society for Textual Scholarship* (vol. 8). Ann Arbor [MI]: University of Michigan Press.

Hafstad, Kjetil, 1987, "Bergman og Bibelen: soning og frihet i Bergmans filmverk", s. 51-65 i *Bibelske temaer i litteratur, film og teater*. Trondheim: Tapir.

Himlaspelet: En historia. Sveriges Radios arkiv.

Holm, Nils, 1997, *Människans symboliska verklighetsbygge: En psykofenomenologisk studie*. Åbo: Åbo Akademi (Religionsvetenskapliga skrifter, nr. 40).

Holmberg, Jan, 2018, *Författaren Ingmar Bergman*. Stockholm: Norstedts.

Janson, Malena, 2007, *Bio för barnens bästa?: Svensk barnfilm som fostran och fritidsnöje under 60 år* (avh.). Stockholm: Acta Universitatis Stockholmiensis (Stockholm Cinema Studies, 8).

Keefe, Simon P., 2017, *Mozart in Vienna*. Cambridge: Cambridge University Press.

Kierkegaard, Søren, 1995, *Fruktan och bävan*. Guldsmedshyttan: Nimrod.

Kolb, Robert, Dingel, Irene & Batka, L'ubomír (red.), 2014, *The Oxford Handbook of Martin Luther's Theology*. Oxford: Oxford University Press.

Koskinen, Maaret, 1993, *Spel och speglingar: en studie i Ingmar Bergmans filmiska estetik* (avh.). Stockholm: Acta Universitatis Stockholmiensis.

Krook, Caroline, 2017, *Rastlös sökare och troende tvivlare: existentiella frågor i filmer av Ingmar Bergman*. Stockholm: Verbum.

Leer-Salvesen, Kjartan, 2011, "To drap og spor av transcendens?: en analyse av Kieslowskis 'Du skal ikke slå ihjel'", s. 163-173 i *Fader Paul*. Kristiansand: Portal.

Linton-Malmfors, Birgit, 1992, *Den dubbla verkligheten: Karin och Erik Bergman i dagböcker och brev 1907 – 1936*. Stockholm: Carlsson.

Lundberg, Mattias, 2017, *Martin Luthers egna toner och ord om musik: källtexter rörande musiken i Wittenberg-reformationen i översättning med kommentar och analys*. Skellefteå: Artos & Norma.

Luther, Martin, 1887, "De 95 teser", s. 5-20 i *Udvalg av Luthers reformationsskrifter*. Fagerstand: Bibliothek for de tusen hjem.

–. 1958, "Exposition of Psalm 147", I *Luther's Works* (vol. 14). Saint Louis: Concordia.

–, 1976, *Den Store Katekismus*. København: Leif Grane og Det danske Bibelselskab.

–, 1979, *Verker i utvalg*, bind 1 (red. I. Lønning & T. Rasmussen). Oslo: Gyldendal.

Läsning för folket. Almqvist och Wiksell, 1924.

Läsning för svenska folket. Stockholm: Norstedts, 1924.

Løgstrup, K. E., 1991, *Den etiske fordring*. København: Gyldendal.

Mann, Alfred & Newsom, Jon (red.), 2000, *The Rosaleen Moldenhauer Memorial: Music History from Primary Sources: A Guide to the Moldenhauer Archives*. Washington [DC]: Library of Congress.

Mose och Lambsens wisor (utökad upplaga). Kalmar: Westin, 1877.

Richards, Annette, 1999, "Automatic Genius: Mozart and the Mechanical Sublime", s. 366-389 i *Music and Letters*, vol. 80, (nr. 3), 1999.

Robbins Landon, H. C., 1988, *1791: Mozart's Last Year*. London: Thames and Hudson.

Schrader, Paul, 1988, *Transcendental style in film: Ozu, Bresson, Dreyer*.
New York: Da Capo.

Sjöberg, Thomas, 2013, *Ingmar Bergman: en berättelse om kärlek, sex och svek*. Stockholm: Lind & Co.

Sky, Jeanette, 2015, *Religion og fortelling: fra Ingmar Bergman til Harry Potter*. Oslo: Pax.

Steene, Birgitta, 2005, *Ingmar Bergman: A Reference Guide*. Amsterdam: Amsterdam University Press.

Stenberg, Göran, 1998, *Döden dikterar: en studie av likpredikningar och gravtal från 1600- och 1700-talen* (avh.). Stockholm: Atlantis.

Söderbergh Widding, Astrid, 1992, *Gränsbilder: det dolda rummet hos Tarkovskij* (avh.). Stockholm: Acta Universitatis Stockholmiensis.

Then swenska psalmboken, 1697.

Veel, Kristin & Steiner, Henriett (red.), 2015, *Invisibility Studies: Surveillance, Transparency and the Hidden in Contemporary Culture*. Oxford: Peter Lang International Academic Publishers.

Wigorts Yngvesson, Susanne, 2015, "To See the World as it Appears: The Look, the Camera and the Flesh", s. 263-280 i Veel & Steiner, 2015.

–, 2016, "'Like Sheep for the Slaughter': An Investigation of Luther's Concept of Larva Dei and the Vocation of the Soldier in Relation to Foucaults's Interpretation of the Pastorate", s. 39-73 i *Studia Theologica* 70 (nr. 1).

Wikström, Owe, 1993, *Om heligheten: helighetens envisa vägran att försvinna: religionspsykologiska perspektiv*. Stockholm: Natur och Kultur.

Winter, Jan, 2018, *Dieters bok: flykting hos familjen Bergman*. Uppsala: Tongång.

Zaslaw, Neal, 2000, "Mozart's Fantasy in F minor", i Mann & Newsom, 2000.

–, 2006, "Mechanical Instruments, Music for", i Eisen & Keefe, 2006.

Bildförteckning

S. 16: *Nattvardsgästerna* (1963) © AB Svensk Filmindustri.

S. 32: *Smultronstället* (1957) © AB Svensk Filmindustri,
foto: Louis Huch.

S. 44: *Det sjunde inseglet* (1957) © AB Svensk Filmindustri.

S. 53: Foto: Susanne Wigorts Yngvesson. Bildens perspektiv
är något justerat.

S. 70: *Sommarnattens leende* (1955) © AB Svensk Filmindustri,
foto: Louis Huch.

S. 85: *Såsom i en spegel* (1961) © AB Svensk Filmindustri.

S. 99: *Fanny och Alexander* (1982) © AB Svensk Filmindustri,
foto: Arne Carlsson.

Samtliga bilder förutom den på s. 53 är arkivbilder från Svenska
Filminstitutets bibliotek.